, 글온학교

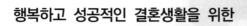

행복하고 성공적인 결혼생활을 위한

행복결혼학교

심수명 · 유근준

목   차

결혼의 출발점을 어디서부터 보는 것이 좋을까? 결혼의 출발점은 결혼행진곡이 울려 퍼지는 결혼식 날이 아니다. 이미 그 이전부터 시작되고 있다. 다만 당사자들이 그 사실을 모르고 있을 뿐이다. 필자 또한 결혼에 문제가 생기기 시작하고, '이런 결혼이라면 왜 시작했을까?' 수많은 후회를 하면서도 그 해결 방법을 몰랐다. 갈등의 세월을 한참이나 보낸 다음, 이제는 더 싸울 기운이 없어서 소위 세상 사람들이 말하는 '결혼은 해도 후회, 안 해도 후회'라는 수준에 머물러 살았을 뿐이다. 그래서 결혼생활이 왜 그렇게 어렵고, 사람들이 왜 배우자와 행복한 관계를 누리지 못하는지 고민하게 되었고, 많은 연구 끝에 마침내 그 해결의 실마리를 찾게 되었다. 그리고 그 지혜를 모아 『한국적 이마고 부부치료』(도서출판 다세움)에 제시하였다.

물론 지금 뒤돌아보면 부부간의 갈등과 무지와 환상들이 있었기에 오늘의 내가 있었는지도 모른다. 나는 결혼의 선배로서, 아직 결혼에 대한 환상을 품고 행복한 결혼을 꿈꾸고 있을 젊은이들에게 무언가 제대로 된 결혼을 알려주고 싶은 마음이 가득하다. 결혼은 결혼식 그 날부터가 아닌, 배우자를 선택하는 일부터 시작되어 평생 지속하는 신비로운 과정이라는 것을 말이다. 조금 더 거슬러 올라가면, 결혼이란 어린 시절 부모님과의 관계로부터 시작된다.

하지만 어린 시절부터 결혼하기까지의 전 과정을 살펴보고 점검하며 치료하고 결혼하는, 축복받은 사람은 얼마 되지 않는다. 행복한 결혼을 위한 가장 좋은 혼수품은, 결혼이란 무엇인지, 그리고 행복한 결혼을 유지하는 데 필요한 것들은 무엇인지를 미리 배우는 것이다. 이 교재는 이러한 사실을 염두에 두고 쓴 것이다. 이미 결혼의 동반자를 결정하고 이 과정에 참여한 예비 결혼 부부들은 자신과 동반자를 점검해본다는 마음으로 진지하게 임해 주기를 바란다. 왜냐하면, 결혼은 한순간의 선택에서 시작하는 것 같지만, 돌이킬 수 없는 긴 과정이기 때문이다.

이 책의 전체적인 내용은 본인의 저서 『한국적 이마고 부부치료(심수명 저)』를 바탕으로 기술되었다. 그리고 여성 상담학자이며 가정사역자인 유근준 박사의 경험과 수고가 더하여져 완성되었다. 또한, 한국기독교총연합회 가정사역위원회 전문위원들의 도움이 있었다.

아무쪼록 이 공부를 통하여 결혼에 대한 올바른 이해가 있기를 바란다. 그리하여 힘들고 어려운 목표이지만, 행복하고 성숙한 결혼을 위한 여정을 걸어갈 때 가장 좋은 도움을 주는 친구로써 이 교재가 사용되기를 바란다.

심 수 명 교수

| 목적 |

　이 과정은 행복하고도 성공적인 결혼생활을 하기 위한 목적으로, 결혼 전에 준비해야 할 것이 무엇인지, 출산과 양육은 어떻게 해야 하는지 배우기 위해 만들어졌다. 이 책으로 공부했을 때 얻을 수 있는 효과는 다음과 같다.

1. 자신과 상대에 대한 이해를 통하여 서로를 깊이 만날 수 있게 된다.
2. 성경의 결혼관 및 원리를 이해함으로써 가정에 대한 하나님의 뜻을 분명히 알게 된다.
3. 가정을 구성하는 남자와 여자에 대해 전반적으로 이해하게 된다.
4. 인격적으로 대화하는 방법을 배우고 몸에 익히게 된다.
5. 부부간에 일어날 수 있는 갈등을 예상해보고 갈등을 해결하는 법을 배울 수 있다.
6. 진정한 사랑을 배우고 사랑의 능력을 키움으로 행복한 결혼을 꾸려나갈 수 있게 된다.

| 이 공부를 위한 서약 |

이 공부를 하기 위해서는 무엇보다 모임 속에서 나를 진실하게 열어 보일 수 있는 용기와 자세가 필요하다. 이 공부를 시작하기에 앞서 다음의 서약을 읽고 여러분 각자가 동의할 수 있기를 바란다. 만약에 동의할 수 없는 항목이 있다면 그것이 무엇인지 나누어보자.

1. 나는 모임의 인도자에게 인격적으로 순종하며 그룹 안에서 신뢰의 분위기를 형성하기 위해 최선의 노력을 다할 것에 동의합니다.
2. 부정적인 말과 행동으로 모임의 분위기를 방해하지 않겠습니다. 혹 잘 모르고 그렇게 행동한 것에 대해 다른 사람이 지적하면 잘못을 인정하고 돌이키겠습니다.
3. 이 공부가 끝날 때까지 동료에 대한 평가와 요구를 하지 않고, 부담을 주는 분위기를 만들지 않겠습니다.
4. 그룹 안에서 나누는 모든 이야기는 영원히 비밀로 할 것에 동의합니다. 만약 규칙을 어겼을 경우 그것에 대해 인격적인 책임(분명한 사과와 재발 방지의 약속)을 질 것을 약속합니다.
5. 모임에 빠지거나 늦지 않을 것을 약속합니다. 지각하거나 빠질 경우, 자신뿐 아니라 다른 사람에게 방해가 된다는 사실을 인정합니다.
6. 다른 동료나 나의 동반자가 정서적인 갈등을 겪을 때 도와주고, 필요할 때에는 "나는 당신을 지지합니다."라는 말로 격려해 주겠습니다.
7. 나의 성장을 위하여 다른 멤버가 사랑 안에서 나에게 도전을 주는 것을 허락하겠습니다.

날짜 :   서명:

| 1장 |

결혼의 동기와 참사랑 이해

| 1장 | 결혼의 동기와 참사랑 이해

❤ — ❤ — ❤ — ❤ — ❤ — ❤ — ❤ — ❤

목표: 결혼의 동기가 무엇인지 점검하고, 참사랑에 대해 배움으로써
성경적인 결혼을 위한 기초를 닦도록 한다.

1. 친밀함에 대한 욕구

친밀함이란 '그 사람의 내면으로 들어가는 것이며, 그를 당신의 내면에 들어오게 하는 것'이다. 우리가 인식을 하든 하지 않든 우리 각자의 내부에는 적어도 한 사람의 상대와 정말 깊은 관계를 맺고자 하는 강력한 욕구가 숨어 있다. 즉 대부분 사람은 사랑의 대상-그가 속할 수 있고 그에게 특별한 존재가 될 수 있으며 더불어 깊은 관계를 새로 마련해 낼 수 있는 이성-에 대한 갈망하고 있다. 우리는 서로 관계를 맺고, 다른 사람과 협력하며 즐거워하고, 다른 사람들에게 사랑을 주고, 그들로부터 사랑을 받음으로써 완전해지도록 만들어졌다. 인간에게 기초적이고 근본적으로 필요한 것 중 하나는 사랑을 주고, 또 사랑을 받는 것이다.

이러한 친밀함에 대한 욕구 때문에 사람들은 결혼하고 싶어 하며 낭만적인 사랑을 꿈꾸게 된다. 그런데 사람들은 사랑에 빠져 있을 때는 상대방을 있는 그대로 보지 못하고 비현실적으로 이상화시켜 지각하는 경향이 있다. 하지만 이런 낭만적인 사랑은 오래가지 못하고 고

작 6개월에서 길어봐야 3년이다. 미국의 코넬 대학 연구팀은 2년간 37개의 다양한 문화집단에 속한 5,000명을 인터뷰한 결과, 남녀 간에 애정이 지속되는 기간은 18개월에서 길어야 30개월이라고 단정을 내렸다. 그 기간이 지나면 상대방을 보아도 더 이상 가슴이 뛴다거나 손에 땀이 나는 일이 없어진다는 것이다.

오늘날 이혼이 급증하는 이유가 바로 여기에 있다. 로맨틱한 사랑은 일시적, 정서적 충동이지 결코 진정한 사랑은 아니다. 낭만적 사랑으로 결혼을 하지만, 그 사랑의 감정이 식어버리면 그동안 자신이 느끼지 못했던 내면적인 욕망과 상처들이 고개를 들고 나타나기 시작한다. 이것들은 끝없는 탐욕으로 자신과 배우자를 파괴한다. 따라서 이러한 욕망과 상처들을 치료하기 위해 애써야 한다. 이러한 자신을 돌아보며 내면의 아픔과 고통과 눈물을 치료하지 못하면 행복한 결혼생활은 하나의 신기루에 지나지 않게 된다.

💜 활동

1. 다음은 로맨스와 사랑과 결혼에 대한 당신의 이해력이 어느 정도인가를 측정하기 위한 것이다. 각자 표시해 보자.

	내용	참	거짓
1	"첫눈에 반한 사랑"은 참 사랑일 가능성이 크다.		
2	진실한 사랑과 사랑에 열중하는 것은 구분하기가 쉽다.		
3	서로 진실하게 사랑하는 사람들은 싸우거나 논쟁하지 않는다.		
4	하나님은 각 사람에게 결혼할 특별한 한 사람을 선택하시고, 우리를 계속 인도하신다.		
5	만약 남자와 여자가 순수하게 서로 사랑한다면 고난이나 어려움은 거의 없거나, 이것들은 그들의 관계에 영향을 미치지 못한다.		
6	독신으로 평생 고독하게 사느니 바람직하지 못한 사람이라도 결혼하는 것이 더 낫다.		
7	만약 둘이 아주 중요한 관계성을 가지고 있다면 결혼 전에 성적인 관계를 해도 무방하다.		
8	두 사람이 진심으로 사랑한다면 그 사랑은 영원하며 일평생 지속할 것이다.		
9	연애 기간은 짧은 것(6개월 이하)이 좋다.		
10	10대들은 나이 든 사람들보다 순수한 사랑을 할 수 있는 가능성이 크다.		

♥ 당신의 경우 로맨틱 사랑지수는 몇 점인지 점검해보자(위 내용은 전부 참사랑이 아니다).

2. 결혼의 동기 점검

♥ 내가 결혼하려고 하는 마음의 동기는 무엇인지 살펴보자.

	내용	○	×
1	부모에게 앙갚음하기 위해		
2	자신의 부정적인 자아상을 극복하기 위해		
3	배우자에게 조언자나 상담자 역할을 하기 위해		
4	결혼 소외에 대한 두려움 때문에(노총각, 노처녀)		
5	외로움 때문에		
6	꿈의 좌절 등으로 인한 현실도피 방법으로		
7	상대에게 상처 주지 않기 위해서		
8	불행한 가정에서 벗어나기 위해		
9	성관계를 했기 때문에		
10	임신했기 때문에		
11	참된 동반적 우정이 필요해서		
12	함께 서로의 필요를 채우기 위해서		
13	성적 욕구를 채우기 위해서		
14	이 사람과 결혼하는 것이 하나님 뜻이라고 생각하기 때문에		
15	사랑받고 싶어서		
16	기타:		

이 중 가장 큰 욕구는 '사랑하고 사랑받고 싶은 욕구'다. 내가 이 세상에서 가장 가치 있고 사랑스러운 존재라는 느낌을 확인받고 싶어서 결혼하는 것이다.

♥ 당신은 현재 결혼하려는 동기가 무엇인지 생각해 보고 적어보자.

3. 참사랑 이해

1) 사랑에 대한 오해

사람들은 참사랑에 대하여 잘못 알고 있는 경우가 많다. 그러므로 참사랑이 무엇인지 알려면 참사랑이 아닌 것이 무엇인지 알아야 한다. 아래의 경우는 참사랑이 아니다.

(1) 로맨틱한 사랑은 참사랑이 아니다.

이것은 서로 처음 만나자마자 마치 강한 전류에 감전된 것처럼 강한 매력과 열정적 감정이 자연스럽게 일어나 불붙기 시작하는 사랑이라고 말할 수 있다. 이 사랑은 '사랑하는 사람에 대한 사랑'이기보다 '사랑 자체에 대한 사랑'이라고 말할 수 있다. 춘향과 이도령의 사랑이 그렇고, 로미오와 줄리엣의 사랑이 그렇듯이, 큐피드의 화살이 심장을 뚫는 바로 그런 사랑이다. 이런 사랑에 빠지면 우선 온몸과 마음으로 두 사람이 하나가 되기를 원하는데, 이 같은 사랑에서는 상대의 외모가 가장 중요한 요인이 된다.

(2) 집착적(의존적)인 사랑은 참사랑이 아니다.

대개 집착적인 사랑을 하는 사람들은 불행한 아동기를 보낸 경우가 많고, 현재의 생활에서 고독감을 많이 느끼며, 직장 생활이 불만족스럽고, 친한 친구가 없는 사람일 경우가 많다. 사랑은 서로에 대해 집착하고 의존성을 보이는 면이 있다. 그러나 의존성 자체가 강조될 때 참된 사랑이라고 보기 어렵다. 의존성은 참된 사랑에 반대되는 자기중심적 욕구에서 우러나온 집착에 지나지 않는다. 이 경우에는 완전히 사랑의 노예가 되어 상대방의 사랑을 확인하는 일로 모든 시간과 정력을 소모할 뿐만 아니라, 버림받지 않을까 하는 불안으로 항상 마음을 졸이며 산다.

그들은 상대방이 진정으로 좋아서라기보다는 사랑을 하고 있어야겠다는 강한 욕구에 강박적으로 끌려가는 사람일 수 있다. 혹은 자기가 주는 사랑에 대하여 그만큼 보답을 받지 못할까 두려워서 진정한 사랑을 주지 못하는 사람일 수도 있다. 이것은 자기의 약함을 채우기 위해 시작된 사랑이다. 달콤하게 말하고 상대를 위해 살 것 같이 접근하고 약속했지만, 사실은 단지 나의 허함을 채우기 위해 너를 이용한 것으로 자신도 속고 타인도 속인 것이다. 집착적인 사랑은 참사랑이 아니다.

(3) 정신집중의 사랑은 참사랑이 아니다.

사랑은 정신집중을 해야 하지만 성숙이 뒷받침되지 않는 이성 간의 강렬한 하나됨은 참된 사랑이라기보다는 정신집중 그 자체에 불과한 것이다. 사랑의 능력이 없는 사람이라도 열애에 빠진 기간에는 상대방의 필요와 그 사람에 대해 본능적인 감각을 가지고 접근한다. 그러다가 결혼과 동시에 그 사람의 마음과 필요를 알아차리는 능력이 신기루처럼 사라져버리고 만다. 그러므로 연애 기간에 나타나는 사랑은 사랑의 능력으로 인해 자연스럽게 나타나는 것이 아니라 이성에 대한 정신집중 그 자체이므로 참사랑이 아니다.

불안감이나 낮은 자긍심에서 벗어나기 위한 한 가지 수단으로 약물을 사용할 때 우리는 그것을 약물 중독증이라고 규정하는데, 정신집중은 약물 대신에 다른 사람을 사용하고 있다는 점만 다를 뿐, 역시 하나의 중독 현상이라고 할 수 있다.

(4) 목적 없이 주는 희생적인 사랑은 참사랑이 아니다.

사랑이 무엇인지 그 의미와 가치, 활동들을 생각하지 않고 사랑하는 것은 참사랑이 아니다. 맹목적으로 상대방을 위해 사는 것이 사랑이라고 생각하는 사람이 많지만, 사랑은 단순히 희생하는 것이 아니라 그의 성숙을 위해, 그리고 그가 전인적으로 건강하며 아름다운 삶을 살아가도록 '사려 깊게 주고', '사려 깊게 거둬들이는 것'이다. 사랑을 베풀 때는 대상과 상황과 필요에 따라 적절히 배려하되 그의 성장에 필요한 것이 무엇인지를 고려해야 한다.

분별없이 마구 주는 사랑을 과잉보호라고 한다. 사랑을 너무 무절제하게 받았을 경우, 사랑을 못 받은 경우와 마찬가지로 좋지 못한 결과를 초래한다. 아이가 원하는 대로 무슨 요구든지 다 들어주는 부모 밑에서 자란 아이들은 지나치게 의존적인 성품을 갖게 되어 성인이 되어서도 유아기 단계 이상의 정서적 성장이 불가능해진다. 여기서 말하는 유아기 단계란, 부모 혹은 그 이외의 누구든지 나를 사랑하는 사람은 내가 원하는 바를 무엇이든지 무조건, 그리고 즉시 들어주어야 하며, 그렇지 못할 때는 나를 사랑하는 것이 아니라는 사고방식을 의미한다. 과잉보호는 사랑을 받는 사람의 인격적 성장을 고려하지 않고 베풀기 때문에 결국엔 그를 자신에게만 의존하게 만들며, 정신과 인격을 노예화해 인격의 자주성과 주체성을 파괴하기도 한다.

(5) 감정에 치우친 사랑은 참사랑이 아니다.

사랑은 전인성을 포함하기에 감정이 동반되지만, 감정 그 자체만으로 사랑을 정의하고 평가할 수는 없다. 많은 경우에 사랑의 감정은 흔히 몰입의 경험을 동반하기도 한다. 몰입은 어떤 대상이 우리에게 의미 있고 중요해져 가는 과정으로써, 일단 몰입하게 되면 그 대상은 그것이 마치 우리의 전부인 양 우리의 에너지를 끌어간다. 그러나 이것은 감정의 포로가 되는 것이므로 그것 자체를 사랑이라고 할 수는 없다.

(6) 사랑하면서 표현하지 않는 사랑은 참사랑이 아니다.

마음에는 사랑이 있지만, 사랑을 표현할 줄 모른다면 이것은 참사랑이라고 할 수 없다. 어떤 사람은 사랑을 표현할 줄도 모르고, 또 자신감이 없어서 한평생 좋아하는 사람을 옆에 두고도 좋아한다는 말 한

마디 못하기도 한다. 그러나 사랑은 확인이 필요한 것이다. 동양에서 말하는 '이심전심'만으로는 불충분하다. 사람은 부부간이든 친구 간이든 상대방이 나를 사랑하고 있다는 '증거'를 확인하고 싶은 마음이 있다. 표현에 익숙하지 않아서 하고 싶어도 표현을 못 하는 경우가 있는데, 이러한 표현의 미숙함 때문에 오해와 갈등이 생긴다.

⑺ 조건적인 사랑은 사랑이 아니다.

조건적인 사랑은 흔히 '논리적 사랑'이라고 부른다. 이것은 어떤 경우에도 손해 보지 않고 현명하게 사랑을 하려는 사람이다. "나는 내가 생각하는 남편(아내)의 조건에 맞지 않거나 부모님의 조건을 만족시키지 못하는 사람하고는 절대 연애하지 않을 것"이라고 생각하는 사람들이 조건적인 사랑을 하는 사람들이다. 그뿐만 아니라, 그들은 매우 현실적이기도 해서, 어떤 형의 상대를 자신이 좋아하며 혹은 필요로 하는지도 대개 정확히 알고 있다. 그러므로 그런 조건을 가장 많이 만족시키는 사람이 나타날 때까지 참고 기다린다. 그들은 원하는 바가 이루어지지 않을 때를 대비하여 가능한 대안까지도 충분히 생각해 놓고 있다. 논리적인 사랑을 하는 사람들은 그만큼 잠재적인 불안감이 크고, 자신감이 부족하며, 성격적으로 덜 성숙한 사람이라고 할 수 있다.

⑻ 유희적 사랑은 사랑이 아니다.

유희적 사랑을 하는 사람에게 정서적 관계란 즐기기 위한 도전이며 이기기 위한 시합이다. 유희적 애인에게 있어서 사랑의 약속 같은 것은 서로 간에 금기 사항이며, 그들은 동시에 두 사람 혹은 그보다 더 많은 애인과 사랑을 나누는 것이 예사이다. 그들은 여러 가지 형태의 외모를 골고루 좋아하므로 이 사람에게서 저 사람에게로 쉽게 옮겨가며, 어느 사람과도 심각한 사랑에 빠지거나 특별히 흥분하지 않는다. 유희적 사랑을 하는 사람들은 자기의 마음속에 깊숙이 들어있는 생각이나 감정 같은 것을 절대 드러내지 않으며 상대방도 그렇게 해주기를 바란다. 그들은 질투하는 애인을 아주 싫어하며 질투는 사랑의 재미를 망친다고 생각한다. 성행위는 재미로 하는 것이지 책임을 져야 하는 행동이 결코 아니며, 사랑이란 인생에서 대단히 중요한 것도 아니라고 생각한다.

♥ 내가 사랑이라고 생각했던 것이 위의 글 중에 있는가? 위의 글을 읽으며 어떤 깨달음이 있었는가?

2) 참사랑이란

참사랑은 아가페 사랑이다. 아가페 사랑이란 무조건적 사랑, 비소유적 사랑, 이타적 사랑이라고 부른다. 아가페 사랑은 신적인 사랑으로, 아무 조건 없이 좋아하고 돌보아 주며, 용서하고 베풀어 주는 자기희생적 사랑이다. 이것은 하나님이 자기 아들 예수 그리스도를 죽여 아무 조건 없이 인류를 구원한 사건에서 나타나고 있다. 아가페 사랑은 아무것도 바라지 않은 채 자신의 사랑을 받는 자가 다시 사랑을 낳으리라는 소망하고 자신을 온전히 헌신하는 것을 의미한다. 아가페란 그것을 필요로 하는 사람에게 베풀어 주어야 할 의무와 같은 행위이며, 그것은 가슴과 함께 머리로, 감정과 함께 의지로 하는 것이다.

사랑은 그 자체에 창조성이 있다. 즉 누군가를 사랑하려는 마음을 가지게 되면 인격의 중심인 마음속에 순수하고 이타적이며 자기희생적인 사랑이 샘솟듯 일어나게 된다. 모든 인간의 마음속에는 사랑의 지하수가 흐르는데, 그것을 개발하는 자가 사랑의 풍성함을 느끼며 살아가는 것이다. 진정한 사랑이란 이미 받았기에 순수하게 주는 것이며, 줌으로써 다시 받을 수 있는 것이다. 그뿐만 아니라 자신보다는 사랑하는 사람의 행복과 번영을 더 생각하기에, 기쁨으로 상대방의 소망과 행복을 위하여 자신의 것을 잠시 유예하든지 포기할 수 있는 것이다. 참사랑은 사랑을 받는 사람의 자존감과 존엄성을 회복시킴으로써 그를 새롭게 창조하는 능력이 있다. 그렇다면 참된 사랑은 어떤 특성이 있는지 살펴보자.

⑴ 참사랑은 관계에서의 성장을 목표로 한다.

참된 사랑은 자신과의 관계나 하나님과의 관계, 타인과의 관계, 더 나아가 우주와의 관계에서의 성장을 목표로 한다. 이 사랑은 모든 존재와의 관계에서 평화를 도모하며, 이를 위해 전적으로 헌신하고 희생하려는 마음을 갖는다. 아가페의 창시자인 하나님께서는 자신보다, 하나밖에 없는 독생자보다, 나를 더 소중하게 여기신다. 그러므로 나도 나를 그렇게 깊이 사랑하고 존중하기를 원하신다. 우리가 자신을 진정으로 사랑한다는 것은 하나님이 나를 사랑하는 만큼 사랑함을 의미한다. 이것은 하나님이 나를 사랑하신 사랑의 넓이와 깊이와 높이와 크기 그대로 내가 나를 사랑하는 것이다. 나를 사랑하시는 하나님의 눈으로 나를 사랑할 때, 이 사랑이 나를 변화시킬 뿐 아니라 다른 모든 사람 및 관계까지도 변화시키고 성숙시키는 강력한 힘을 가지는 것이다.

(2) 참사랑은 자신을 사랑할 뿐 아니라 다른 사람도 사랑하는 것이다.

자신을 사랑하지 않는다면 남도 사랑할 수 없다. '네 이웃을 네 몸과 같이 사랑하라'라는 말에는 자기 자신의 고결함과 독특성을 존중하라는 뜻을 내포하고 있다. 이기적인 사람들은 자기 자신에게만 관심이 있고, 타인에 대한 감정이 없으며, 모든 것을 자기 편리한 대로 판단하려고 하는 사람들이다. 진실로 사랑할 줄 아는 사람은 자기 자신과 타인을 모두 사랑한다. 그러므로 자신에 대한 사랑은 타인에 대한 사랑과 불가분의 관계에 있다. 따라서 참된 사랑을 위해 우리는 부단한 자기 사랑의 훈련을 쌓아야 한다.

(3) 참사랑은 행동을 수반한다.

행동이 동반되지 않는 말로만의 사랑은 거짓이다. 하나님께서는 사랑을 말씀으로만 하지 않으셨고, 자신의 영광을 벗고 육신으로 오셔서 우리 가운데 사셨고 십자가에서 죽으셨다. 예수님은 실제적인 관계 안에서 우리의 삶 가운데로 오셨다. 예수님께서 육신으로 오신 이유는 이 세상의 누구보다도 가장 귀한 사랑의 본을 보이기 위함이셨다. 그러므로 사람을 사랑하려면 사랑을 순수하고 자연스럽게 표현하도록 자신을 치료하고 훈련해야 한다. 사랑은 자신의 자유 의지로 선한 것을 선택하고 실천하는 것이다.

(4) 참사랑은 자아의 확장이다.

자녀를 미워하게 되면 원수가 될 수 있듯이 타인이라도 사랑하면 가족이 될 수 있다. 사랑하면 내가 가진 모든 것을 주고 싶은 마음이 생기게 된다. 그래서 나를 그에게 주면 그 사람 속에 내가 있게 된다. 이것이 자아의 확장이다. 우리가 아가페적 사랑을 남에게 베풀면 베풀수록, 그것은 타인에게 확장이 된다. 사랑은 언제까지든지, 소멸하거나 약해지거나 떨어지지 않는다. "사랑은 나눌수록 커지고 슬픔은 나눌수록 작아진다."라는 말처럼 상대를 사랑하는 행동을 통해 자아가 확장되고 성숙되어간다. 사랑은 자기의 지경을 넓히는 것이며 자아를 확장하는 것이다. 이런 순환 관계를 통해 너를 사랑하는 것은 곧 나를 사랑하는 것이며, 나를 너와 나누는 것은 하나님을 포함한 모두를 사랑하는 것이 된다.

(5) 참사랑은 공익성을 갖고 있다.

사랑은 나와 너, 우리라는 차원의 인격적 성장과 성숙뿐 아니라 인류라는 차원으로 발전을 지향하는 것이다. 그러므로 한 영혼에 대한 깊은 관심과 순수한 사랑은 결국 온 인류에 관한 관심과 사랑으로 전환된다. 손양원 목사는 자신의 두 아들 동인이와 동신이가 공산당으로부터 잔인하게 죽임을 당했다는 소식을 들었을 때 "주여, 저에게 믿음을 주옵소서. 주여! 그들을 쏜 이가 누구인지 저는 모르오나 주님은 아십니다. 주여, 그에게 자비를 베풀어 주옵소서. 부족한 종에게 사랑을 주사 그를 용서할 힘을 주옵소서."라고 무릎을 꿇고 기도하였다. 그 후에 그는 자기의 두 아들 동인이와 동신이를 죽인 원수를 양아들로 삼았다. 진실한 사랑은 모든 사람을 향해 열려 있다.

⑹ 참사랑은 다른 사람을 믿어주고 소망을 갖는 것이다.

사실, 사람은 신뢰의 대상이 될 수 없는 연약한 존재이다. 성경은 사람을 '신뢰하라'라고 말하지 않고 '사랑하라'라고 하였다. 그런데 사람을 사랑하게 되면 신뢰하게 된다.

"사랑은 모든 것을 참으며 모든 것을 믿으며 모든 것을 바라며 모든 것을 견디는 것이다"(고전 13:7)

사람은 아무리 노력해도 일시적으로 그릇된 길로 갈 수 있고 잘못될 수도 있다. 인간의 본성은 본래 악하다. 이런 연약한 사람을 영원히 믿어주시는 하나님의 긍휼과 용서가 있기에 인간은 구원을 얻었고, 그 구원은 완성될 것이다. 그러므로 믿을 수 없을 때라도 무조건 상대방을 믿어줌으로써 그의 희망이 되어 주는 자가 참사랑을 하는 자이다.

♥ 참사랑에 대해 읽고 난 다음 새롭게 배운 것은 무엇인가?

| 2장 |
행복한 결혼의 원리

| 2장 | 행복한 결혼의 원리

❤ ❤ ❤ ❤ ❤ ❤ ❤ ❤

목표: 행복한 결혼의 성경적 원리와 일반적 원리를 배우고, 배우자를 향한 이해의 폭을 넓혀 행복한 결혼을 위한 토대를 만들도록 한다.

1. 부부 행복의 성경적 원리

  결혼은 원래 인간의 필요 때문에 만들어진 제도가 아니라 하나님께서 고안해내신 것이다. 한 몸 됨의 비밀에서 우리가 진정으로 한 몸 되어야 하는 분은 예수 그리스도인데, 그 원리는 다음과 같다.
  성경에서 강조하는 부부 만남의 원리는 '떠나고, 연합하고, 한 몸이 되며 친밀감을 느끼고, 성적으로 만나서 온전히 하나 되는 것'인데, 이러한 한 몸의 비밀은 영적인 원리에서 나온 육적인 관계다.

> 이러므로 남자가 부모를 떠나 그 아내와 연합하여 둘이 한 몸을 이룰지로다. 아담과 그 아내 두 사람이 벌거벗었으나 부끄러워 아니하니라 (창 2:24-25)

1) 떠남(독립)의 원리
  떠남의 영적 원리는 그리스도께서 우리를 사랑하시기 때문에 아버지를 떠나 사람이 되셔서 자신을 낮추시고 십자가 위에서 죽기까지 순종하신 것을 뜻한다. 떠난다는 것은 부모의 양육을 받던 자녀의 자리에서 떠나 완전한 성인으로 서는 관계전환을 의미한다. 즉 부모와 자녀의 관계가 최우선이 아니고 남편과 아내의 관계가 최우선이 되는 일대 혁신을 의미하는 것이다. 이것은 단지 분가하는 것만을 의미하는 것이 아니라 독립된 인격체로서 부모보다는 배우자에게 모든 관심을 집중하고 부부관계를 최우선에 두는 것을 의미한다. 결혼생활의 많은 갈등은 우선 부모로부터 떠나지 못하는 데서 시작되는데, 특히 '남자가 부모를 떠나'라고 지적한 대목을 살펴볼 때 성경이 기록되었던 당시의 히브리 문화나 지금의 우리나라 문화가 비슷함을 알 수 있다. 여기서 떠나라는 것은 효도하지 말라는 것이 아니라, 결혼한 부부 사이에 예수 그리스도 외에는 아무도 끼어서는 안 된다는 의미를 담고 있다. 떠남은 육체적으로나 정신적으로, 경제적으로, 감정적으로 독립하는 것을 의미한다.

2) 연합의 원리

연합의 영적 원리는 그리스도께서 우리를 사랑하시어 교회와 그의 신부인 우리와 연합하신 의미가 있다. 연합한다는 것은 '들러붙다, 고착시키다, 계속 그대로 지속하다'라는 뜻이다. 연합의 원리는 '죽음이 우리를 갈라놓을 때까지', '끝까지'라는 뜻을 담고 있다. 결혼이라는 것은 하나님에 의해 언약(맹약)으로 창조된 제도(말 2:14, 잠 2:16-17)다. 언약이라는 것은 '자르다, 가른다'라는 의미를 지닌 히브리어 베리트(Beriyth)에서 유래된 것으로, 짐승을 반으로 갈라 마주 놓은 고기 사이를 계약 당사자가 지나감으로써 맺어지는 계약이며, 이 계약을 파기하면 갈라놓은 짐승과 같이 죽게 됨을 각오하고 이 계약에 임해야 한다는 것을 의미한다. 결혼식에서 중앙 통로를 중심으로 양쪽에 나뉘어 앉는 신랑, 신부의 가족과 친지들은 신랑, 신부가 이 결혼서약에 들어갈 때 성경 상의 희생 제물(갈라놓은 짐승)을 상징하는 것이다. 그러므로 결혼은 결혼 이후에 사람의 의지로는 나눌 수 없는 언약의 관계이다. 그것은 하나님이 합하게 하신 언약이다. 그래서 성공적 결혼이란 부부 피차간에 원칙적으로 일생에 단 한 번, 상대방에게 영구한 헌신을 드린다는 자세로 살아갈 때만 가능하다.

부부의 연합을 위해 필요한 것은 돕는 배필(창 2:18)의 마음이다. 부부가 서로를 위해 도우려는 마음으로 살 때 연합은 더욱 견고해진다. 돕는다는 것은 상대방을 있는 그대로, 단점투성이 그대로를 받아들이는 것을 전제로 한다. 돕는다는 것은 부족한 것을 채워주는 것이다. 그래서 돕는 배필은 배우자에 대해 실망하지 않고 부족한 점을 볼 때마다 "바로 저것을 내가 채워줘야 하는구나. 내가 할 일이 참으로 많구나."라고 기뻐하는 것이다.

돕는 배필은 일방적으로 여자가 남자를 돕는 것이 아니라 서로를 돕는 것이다. 남자가 여자를 돕고, 여자가 남자를 도울 때 서로 완성된 인격체가 된다. 부부는 서로가 돕고 보완함으로써 완전한 인격체가 될 수 있다. 그러므로 결혼생활의 목적은 돕는 배필이 되는 것이다. 그러나 자기중심적인 인간의 본성 때문에 부부들은 이 명령을 그대로 받아들이지 못하고 바라는 배우자로 살게 되는데, 거의 모든 결혼생활의 불행은 이 때문에 발생한다.

바라는 배필과 돕는 배필을 비교하면 다음과 같다.

	바라는 배필의 마음	돕는 배필의 마음
배우자의 문제	불만의 요인이다.	내 존재 이유다.
관계의 중심	(나 중심) 어떻게 배우자를 이용할까? 받을 것만 생각한다.	(너 중심) 어떻게 너를 도울까를 생각하고 행동한다.
배우자의 부족	나의 원함, 필요, 욕구를 채울 수 없으므로 분노의 원인이 된다.	마음 아파하고 위로, 축복한다.
배우자의 실수	실수나 연약함을 용납하기 어렵다. 그가 문제를 일으키면 일으킬수록 그것 때문에 내가 피해를 보기 때문에 분노와 피해의식이 점점 커진다.	실수나 실패는 오히려 나에게도 책임이 있음을 느끼고 같이 극복한다. 오래 참고 인내한다. 그것이 바로'돕는 배필'의 존재 이유기 때문이다.

3) 하나됨의 원리

하나됨의 영적 원리는 그리스도께서 우리를 사랑하시기 때문에 머리와 몸이 하나인 것처럼 우리와 하나 되신 것이다. '하나됨'이란 가장 친밀한 연합을 말하는 것으로, '성(性)'을 의미하기도 한다. 부부간의 성적 교제는 부부에게만 주어진 하나님의 은총이다. 성적인 연합은 육체적인 것만 의미하지 않으며 전 존재적인, 즉 정신적 합일과 영적 합일이 있어야 한다. 부부가 완전히 한 몸이 되는 이때, 두 사람은 자녀를 낳음으로 하나님의 창조 사역에 동참하는 기쁨을 누릴 수 있는 것이다. 부부의 삶은 모든 것에서 하나가 되지 않고는 온전한 결혼생활을 한다고 할 수 없다. 경제 문제에서도 하나가 되어야 하며, 가치관에서도 하나여야 한다. 주거지도, 정서와 비전도 하나여야 한다.

부부가 하나되기 위해서 아내는 남편에게 복종해야 하며 남편은 아내를 위해 희생해야 한다. 부부가 서로 동등하지만, 사랑으로 하나되기 위해서는 질서가 필요하다. 하나님께서는 남편을 가정의 머리로 세우셨기 때문에 부부간에 갈등이 있는 경우 아내가 먼저 순종해야 한다. 또한 하나님께서 아내에게 모성 능력을 주셔서 아내는 정서적 관계능력이 남편보다 크다. 모성 능력은 양육하고, 품고, 견디고, 사랑하는 능력이다. 그러므로 아내가 남편에게 먼저 순종해야 한다. 이외에도 아내가 남편에게 순종해야 하는 이유를 구체적으로 살펴볼 때 첫째, 아내 자신의 행복을 위해서다. 남편에게 부정적으로 대하면 분노와 반발만 남는다. 따라서 남편을 대하는 최선의 길은 순종인 것이다. 두 번째 이유는 남편의 행복을 위해서이다. 남편과 아내는 하나이므로 남편을 공격하는 것은 자기 자신을 공격하는 것과 같다. 아내가 순종할 때 남편은 사랑받고 있다고 느끼고 행복해한다. 결국, 남편이 행복해지면 그 행복은 아내에게 돌아오게 마련이다. 세 번째 이유는 자녀들의 정서적 발달을 위해서이다. 부부가 자녀에게 줄 수 있는 선물 중에 제일은 부부가 행복하게 살아가는 것이다. 이때 자녀는 삶의 모델

로서 부모를 볼 뿐 아니라, 정서적 안정감을 느끼기 때문에 심리적인 평안함 가운데 자신의 능력을 개발할 수 있게 된다.

또한 남편이 아내를 사랑해야 하는 이유는 첫째, 아내가 신체적, 정신적으로 더 연약한 그릇이기 때문이다. 둘째, 생명을 유업으로 받았기 때문이다. 아내를 사랑하면 자녀들은 그 속에서 따뜻함을 느끼며 정서적으로 잘 자라게 된다. 부모가 싸우는 것을 자주 보고 자라난 자녀들은 사회적으로 문제아가 될 수 있다. 셋째, 남편의 기도가 막히지 않기 위해서다. 부부의 갈등은 자신의 존재가 뿌리째 흔들리는 고통을 유발하며 부부관계를 파괴적으로 몰아가고 싶은 욕구를 생기게 하는데, 이런 심리로는 기도와 말씀 묵상, 경건 생활이 어려워진다.

4) 친밀함의 원리

친밀함의 영적 원리는 하나님의 삼위일체 됨에서 나오는 깊은 친밀함에 근거하고 있다. 이러한 풍성한 친밀함을 부부관계 속에서 베푸시는 것은 하나님의 은혜다. '친밀함의 원리'란 결혼생활에 있어서 허물이나 결점이 결코 문제가 되어서는 안 된다는 것을 의미한다. 친밀함을 형성하는 요소로는 신뢰(배우자를 믿고 사랑하기 때문에 마음을 열고 삶을 맡기는 것), 인정 또는 무조건적 존중(자신의 행위와는 상관없이 사랑받는 것), 심리적 편안함(관계에서 위협이나 불안을 느끼지 않고 그대로 보일 수 있는 것), 그리고 헌신(상대방을 사랑하겠다는 의식적 결단을 가지고 사랑하는 것)이 필요하다.

정서적(감정적) 친밀감도 중요하다. 정서적 친밀감을 위해 부부는 상대방을 비난하거나 말을 가로막지 않아야 하며, 배우자의 느낌을 존중하고, 배우자를 소유하려 들지 않아야 한다. 이것은 하룻밤 사이에 이루어지는 것이 아니므로 꾸준히 노력해 가야 한다.

💗 위의 원리 중에서 나에게 가장 부족한 점이 무엇인지 구체적으로 적어보고 대안을 찾아보자.

2. 일반적인 원리

1) 한국의 전통가정 및 원 가족 이해

한국의 전통가정은 개인의 권리, 이익이 가족보다 앞설 수 없고 개인보다 가족의 행복을 우선시하는 가족주의가 중심을 이루고 가부장적이어서 남녀 상하의 신분의식은 절대적이었다. 그러나 현대에 들어와 결혼은 선택 사항으로 변했으며 결혼 관계에서 부부간의 친밀감과 만족도를 추구하는 경향이 높아지고 있다. 또한 여성의 경제·사회적 위치가 점점 달라지고 있다. 즉 여성이 가정 경제에 이바지하거나 책임을 지고 있으며, 여성의 자존 욕구와 평등의식은 남성의 가부장적 사고를 수용하지 않으려 한다. 한국 부부들이 바라는 배우자상에 관한 연구에서, 부인은 남편이 인격적인 면을 가지고 있기를 기대하며, 남편은 부인이 자신이 원하는 대로 해주는 것이 아내가 해야 할 내조라고 생각한다.

2) 자기 상처 치료하기

인간은 어릴 적 욕구를 채워주었던 어른들과의 관계 경험에서 얻게 된 특별한 욕구를 결혼생활에까지 가져와 채우려고 한다. 그러므로 결혼은 한 개인이 어릴 때 가졌던 상처와 거부, 소홀, 과잉통제, 고립, 억눌림 등의 상처를 치료하는 작업이 선행되어야 한다. 특히 자신에 대하여 부정적인 자아상을 가지고 있는 경우, 이것이 치료되지 않으면 부부 간 갈등은 더 커지게 된다. 인간은 사람을 상대적 가치로 판단하여 사람들과 자기를 비교하곤 하는데 그 비교가 자신을 향하게 될 때 부정적이고 어두운 자아상을 갖게 되고, 이러한 자아상을 가진 사람은 결코 행복한 결혼생활을 할 수 없다. 왜냐하면 부정적인 자아상을 가진 사람은 자신과 타인에 대한 모든 관점이 왜곡되어 있을 뿐 아니라 비합리적이어서 관계 자체가 이루어지지 않기 때문이다.

3) 자기중심성 깨닫기

부부가 서로 이혼하는 근원적인 이유는 끊임없이 받고 싶은 인간의 근원적인 욕망과 자기중심성 때문이다. 특히 부부관계에서는 배우자의 사랑을 믿고 신뢰하기 때문에 더욱더 어린아이 같은 자기중심성이 나타나 서로의 마음을 상하게 하며 관계를 점점 힘들게 만든다. 서로 살펴주고 도와주고 나눌 때 부부의 행복이 커진다는 것을 모르는 사람이 없건만, 자신도 모르게 습관적으로 나만 피곤하고 나만 힘든 것처럼 내 중심적으로 생각하고 말하는 것이 모든 부부의 문제라고 할 수 있다. 배우자는 나를 위해 존재하고, 나의 행복을 위해 희생해야 한다는 생각, 이것이 바로 나르시시즘을 가진 인간들의 가슴 깊은 갈망이며, "네가 조금만 도와주면 나는 행복할 텐데… 네가 조금만 달라진다면 우리 부부는 아무런 문제가 없을 텐데…"라며 배우자를 향해 끊임없이 변화되라고 절규하는 것이다. 이러한 욕구는 근본적으로 해결될 수 없지만, 자기의 욕망을 인정하고 다스려 성숙한 부부관계가 되도록 노력할 때 해결이 가능하다.

4) 부부 심리 이해 및 의식화 연습

사람이 사랑하게 되면 상대방의 모든 부족한 것들, 상처, 아픔, 그것이 무엇이든 다 채워주고 싶어 하고 그럴 수 있다고 생각하며 사랑이 영원토록 지속할 것이라고 믿는다. 그래서 온 마음을 다해 사랑을 주려고 노력하지만, 결혼에 대한 확신이 생기고 두 사람의 관계 속에 심리적 안정감이 뿌리를 내리게 되면 주고 싶은 마음이 자신도 모르게 받으려는 마음으로 바뀐다. 이러한 부부 심리에 대한 이해를 바탕으로, 무의식적이고 본능적인 부부관계를 의식적이며 합리적인 관계로 변화시키려는 지혜와 의지, 노력이 없이는 행복하고 아름다운 부부관계를 만들 수 없다. 의식적인 결혼생활은 행복한 관계를 위해 합리적인 것을 선택하고 의지를 발휘하게 해주는 동시에, 배우자는 부모가 아니고 전능자가 아니므로 배우자에게 무조건적 사랑을 기대해서는 안 된다는 사실을 받아들이는 것이다. 결혼의 목적은 사랑을 주기 위한 것이며, 줌으로써 받을 수 있는 관계임을 명심해야 한다. 이때 부부관계의 개선뿐 아니라 치료와 성숙이 일어날 것이다.

5) 대화 기술

건강한 부부관계를 위해서는 서로의 마음을 알아주는 대화 기술이 필요하다. 가까운 사이에서는 비언어적인 접근보다는 언어적인 접근이 더욱 원활하게 이루어져야 한다. 따라서 비언어적인 의사소통의 모든 경로를 언어적인 의사소통으로 바꾸어 나갈 수 있도록 반드시 부부 대화 기술을 훈련해야 한다. 이를 위해 심정대화 기술을 배우고 익혀야 한다. 심정대화 방법은 다음의 세 단계를 거친다. 첫째, 상대방이 말하는 메시지가 무엇인지 정확히 듣고 그대로 요약(명료화)한다. 둘째, 상대방이 말하는 심정, 즉 그가 말하고 있지 않으면서도 듣는 이가 알아서 자기 마음을 알아주기를 바라는 마음으로 이야기한 속 깊은 중심을 말로 표현한다. 셋째, 말한 사람의 이야기를 다 들은 후에 느껴진 나의 감정을 전달하되, 가능한 그가 상처받지 않도록 긍정적인 마음(위로와 지지, 격려 등)을 전달함으로 그가 행복과 사랑을 느끼도록 한다.

6) 이마고 이해하기

사람들은 그들의 배우자를 선택하는 데 있어서 의식적으로는 긍정적인 특성을 보인 사람, 즉 자신의 부족을 메워줄 수 있는 배우자를 찾는다. 그러나 실제로는 그들의 의식적인 의도와 관계없이, 자신의 양육자의 긍정적인 성격뿐만 아니라 부정적인 성격도 함께 지닌 상대에게 마음이 끌리는데, 이때 전형적으로 부정적인 특성들이 더 크게 영향력을 행사한다. 부정적인 대상에게 끌리는 이유는 어린 시절의 잘못된 상황을 올바로 잡기 위해 과거의 상황을 재현하고 극복하기 원하는 무의식 때문이다. 그런데 실제 생활에서는 부정적인 모습을 가진 배우자와 관계를 잘해나갈 수 없으므로 부부관계는 더욱더 어려워진다. 따라서 배우자의 부정적인 점에 끌린 것은 배우자의 문제가 아니라 자신의 무의식적 욕구임을 인정하고 부정도 수용하고 받아들일 수 있는 훈련을 해야 한다.

또한 어린 시절 부모와의 관계에서 있었던 자신의 갈망이나 원함, 긍정적인 사건과 좌절 사건을 통한 자신에 대한 표상과 타인에 대한 표상을 알아내어 분석하고 치료하는 과정이 필요하다(자신에 대한 표상을 '자기 표상', 타인에 대한 표상을 '대상 표상'이라고 하는데 이것은 부모와의 관계에서 형성되는 심리 내적이며 정서적인 틀을 의미한다. 자기 표상의 예로는 '나는 무가치하다, 나는 사랑받을 수 없다'가 있으며, 대상 표상의 예로는 '사람들은 모두 다 이기적이며 자신밖에 모른다, 부모는 나보다 동생을 더 사랑한다' 등이 있다).

💟 위의 일반적인 원리 6가지 중에서 어떤 것을 잘 이해하고 실천하고 있는지 나누어보고 가장 실천하기 어려운 것은 무엇인지 나누어보자.

3. 성공적인 부부

닉 스티네트와 도니 힐리어드, 그리고 낸시 스티네트는 25년간 다양한 인종과 민족을 대상으로 성공적인 부부관계를 하는 6천 쌍을 연구했다. 이들의 나이는 결혼 5년 차부터 50년 차 이상까지 고르게 분포되어 있고 평균 결혼 기간은 20년이다. 이들 6천 쌍의 성공적인 부부관계를 연구한 결과 다음과 같은 6가지 공통적인 특징이 나타났다.

① 헌신: 성공적인 부부들은 서로의 유익과 행복을 증진하는 데 헌신 된 자들이다.

② 인정: 행복한 부부들은 서로를 충분히 인정해 준다. 그들은 심리적으로 서로를 세워 주며 진심에서 우러나오는 칭찬으로 서로의 자존감을 높여 준다.

③ 긍정적 대화: 견고하고 만족스러운 부부관계를 누리는 남편과 아내는 훌륭한 대화 기술을 갖추고 있으며 함께 이야기하는 데 많은 시간을 할애한다.

④ 둘만의 시간: 성공적인 부부들은 질적으로 실속 있고 양적으로도 충분한 시간을 함께 보낸다.

⑤ 확고한 신앙: 행복한 부부들은 신앙심이 깊다. 신앙이 그들에게 힘과 목표 의식을 가져다준다.

⑥ 스트레스와 위기 대응능력: 성공적인 부부들은 훌륭한 스트레스 관리 기술을 갖추고 있으며 위기에 긍정적인 방식으로 대처할 수 있다. 그들은 열악한 상황 속에서도 긍정적인 것을 볼 줄 아는 능력이 있다. 그들은 스트레스나 위기를 성장의 기회로 볼 줄 안다.

♥ 성공적인 부부의 6가지 조건을 보며 앞으로 어떤 노력이 필요할지 적어보자.

| 3장 |

남자와 여자의 차이

|3장| 남자와 여자의 차이

목표: 남자와 여자의 차이를 앎으로 나와 상대방을 이해하고
행복한 부부관계의 기틀을 마련하도록 한다.

1. 남녀의 차이

부부는 서로 다른 환경에서 자라온 두 남녀가 결혼이라는 제도에 의해 생리적, 심리적, 사회적 욕구를 충족시켜줄 뿐 아니라 충족할 수 있는 관계이다. 그래서 결혼생활을 하는 과정에서 두 개인의 인격이 적나라하게 맞부딪치게 된다. 부부관계는 가장 가까운 관계이지만 가장 힘들고 어려운 관계이다. 부부가 힘든 것은 심리적인 문제도 있지만 실제로 생리적인 차이 때문에 따라오는 생각, 감정, 욕구, 느낌의 본성적인 차이도 매우 크다. 따라서 남자와 여자의 차이를 이해하지 않고 행복한 결혼생활을 유지한다는 것은 거의 불가능하다.

1) 삶의 방법의 차이

남자	여자
일에서 만족을 찾음	관계 속에서 만족을 누림
자기 일에 몰두	다른 사람들에 대해 지나치게 예민
승패가 중요	화목한 관계가 중요
서열과 위계질서에 관심	수평적이고 대등한 관계를 원함
위계질서 꼭대기에 있을 때 안정감 느낌	관계의 중심에 있을 때 안정감 느낌

2) 종교적 성향의 차이

남자	여자
논리적이어서 종교성이 약함	감정적이어서 종교성이 강함

3) 보편적인 차이

남자	여자
독립적(어리광을 삼감), 경쟁적	의존적(어리광), 수용적, 관계적
목표지향적, 공격적, 지배적, 우월적, 포괄적	욕구 지향적, 양육적, 구체적이며 작은 일에 신경 씀
물건 지향(사물 감각)	사람 지향(인격 감각)
활동을 함께 하면서 친구를 사귐	감정을 나누면서 친구를 사귐
시각 지향적(시각, 후각 예민)	청각 지향적(청각, 촉각 예민)
시공간 능력(뇌의 오른쪽 반구가 발달)	언어적 능력(뇌의 왼쪽 반구가 발달)
추리적, 이성적, 논리적, 객관적	직관적, 감정적, 주관적
"나는 생각한다. 그러므로 존재한다." 자신에게 관심을 가지며 스스로 존재	"나는 관계를 맺는다. 그러므로 존재한다" 관계가 기본적인 욕구

4) 대화방식의 차이

남자	여자
자기주장과 허풍이 있고 상대를 제압하여 시선을 집중시키려 한다.	사랑과 미움, 불안, 슬픔 등의 감정과 비밀을 나누기가 쉽다.
말을 무기나 지배수단으로 사용한다.	말을 관계를 위해 사용한다.
대화는 경쟁심과 지배심을 위한 것	대화는 친밀감과 동등감을 위한 것
문제가 발생했을 때 남편은 아내에게 위로의 말보다 실제적 해결책을 제시하려고 한다.	문제가 발생하면 아내는 이해와 공감을 원하며 남편이 해결책을 제시하면 가르치려 한다고 오해한다.
질문하는 것을 간섭이나 사생활 침해로 느낀다.	질문하는 것을 친밀감과 돌봄의 표현으로 인식한다.

5) 결혼에 대한 생각 차이

남자	여자
결혼이 중요하기는 하지만 생활 전부는 아니다.	인생의 의의를 결혼에 둔다. 가정이 없는 생활은 지극히 공허하고 무의미하다.
가정에 돌아와서 아내와 대화를 나누기보다 신문이나 TV를 통해 세상에서 일어나는 일들에 더 관심이 많다.	결혼을 애정적인 견지에서 바라보며 가사, 육아, 식사, 가정의 행복이 최대 관심이다.
'아버지'가 되고자 하는 마음은 '모성애'에 비해 훨씬 약하다.	'어머니'가 되고자 하는 마음이 매우 강하다.
부부관계에 중점을 둔다. 남성은 두 사람만의 생활로 만족할 수 있다.	가족이나 자녀에 중점을 둔다. 부부생활 만족보다 어머니에 관심이 많다.
여성에게 높은 점수를 따려면 큰 것을 해주어야 한다고 생각한다.	사랑의 선물은 크기와 관계없이 같은 점수로 처리된다.

6) 욕구의 차이

남자	여자
성적인 만족을 주는 아내	애정을 표현해 주며 자신을 제일 사랑해 주는 남편
존경하는 마음으로 칭찬과 격려해 주는 아내	마음을 알아주고 대화해 주는 남편
입맛을 맞추어 주는 아내	정직, 투명하게 마음을 나누는 남편
깨끗하고 매력 있는 아내	경제적 필요를 공급하는 남편
시집과 조화, 살림을 잘하는 아내	자녀에게 관심을 두는 남편

7) 분노 표현의 차이

남자	여자
권위자가 잘못을 지적, 책망하는 것을 사랑과 인정이라고 생각	부드럽게 설명하고 따뜻하게 말해 주는 것을 사랑이라고 생각
권위로 다스리지 못하는 지도자를 반발하고 무시	권위가 있으면서도 평등하게 지도하는 지도자를 더 편안해함
정당하게 화를 내고 도전하는 것은 남에게 도움을 주는 것이라고 생각	지적하고 화내고 도전하는 것은 도움을 주기보다 기분만 상하게 함

8) 스트레스 대처법에 대한 남녀의 차이

스트레스를 받으면 남자는 자기 마음속의 동굴에 들어가 문제를 해결하기 위해 정신을 집중한다. 그럴 때 그의 태도는 냉랭하고, 남의 일을 곧잘 잊어버리고, 부주의하고, 반응이 없고, 상대방을 건성으로 대한다. 남성들은 기분이 언짢을 때 무엇이 자기를 괴롭히고 있는지 좀처럼 이야기하지 않는다. 대신에 남성은 조용히 자기만의 동굴에 들어가 해결책이 나올 때까지 그 문제를 생각하고 또 생각한다. 해결책을 찾고 나면 기분이 한결 좋아져서 동굴 밖으로 나온다.

반면에 여성은 자기 문제들을 다른 이와 나눈다는 것이 사랑과 신뢰의 표시가 된다. 여성에게 힘겨운 사정이 생겼다는 것은 부끄러운 일이 아니다. 유능하게 보이는 것보다는 오히려 애정이 깊은 관계 속에 존재한다는 것에 그들은 더 큰 의미를 부여한다.

동굴에 들어가 있는 남자에게 당장 마음을 털어놓으라거나 상대의 말에 즉각 반응하고 애정을 기울이기를 바라는 것은, 극도로 기분이 언짢아 있는 여자에게 지금 당장 마음을 가라앉히고 완벽한 이성을 찾으라고 요구하는 것과 마찬가지로 비현실적인 것이다.

💗 남녀의 차이 중에서 '이런 차이 때문에 우리가 그렇게 힘들었구나'라고 가장 많이 깨달아졌던 것은 무엇이었는가?

♣ 활동

<자신에 대한 소개>

1. 나의 장점과 단점은 무엇입니까?

2. 내가 좋아하는 것과 싫어하는 것은 무엇입니까?

3. 나의 출생의 미스터리(비밀) 중 이야기할 수 있는 것은 무엇입니까?

4. 내게 정신적 상처를 준 슬픈 경험이 있다면 무엇입니까?

5. 나의 삶에 있어 중요한 열 가지 단어는 무엇입니까?

<파트너와 서로의 기대 나누기>

1. 당신의 파트너에게서 어떤 매력을 느꼈습니까?

2. 파트너가 당신을 어떻게 대해 줄 때 가장 행복했습니까?

3. 나는 무엇에 근거해서 이 사람이 나의 배우자라고 생각하게 되었습니까?

4. 배우자에게서 듣고 싶은 결혼서약은 어떤 내용입니까?

5. 결혼생활에 좌우명이 필요하다면 어떤 것을 내세우고 싶습니까?

6. 결혼생활에서 내가 배우자에게 줄 수 있는 약속들은 어떤 것이 있습니까?

| 4장 |

갈등 해결 및 의사소통 기술

| 4장 | 갈등 해결 및 의사소통 기술

목표: 부부관계에서 일어날 수 있는 갈등을 예상해보고, 갈등 해결 방법에 대하여 배우며 의사소통 기술을 익힌다.

1. 관계의 종류

인간의 관계를 크게 다섯 단계로 구분하면 일반적 관계, 친숙한 관계, 밀접한 관계, 갈등적 관계, 성숙한 관계가 있는데 성숙한 관계는 갈등적 관계를 넘어서야 가능한 것이다.

1) 일반적 관계
일반적 관계는 단순하고 추상적인 대화를 나누는 관계로써 적대적이기보다는 대체로 유쾌하지만, 이 단계는 도움이나 정서적 지지, 사랑과 같은 친밀함을 주고받지 못하며 필요할 때에 용건을 전달하는 '가벼운 만남'이다. 대체로 많은 사람이 이 관계에 머물고 있다. 일반적 관계에서 좀 더 친해질 수 있는 열쇠는 상대방과 어느 정도까지 상호 교류할 필요가 있는지를 미리 정해 놓고, 가능하면 좀 더 깊은 교류가 되도록 노력하는 데 있다.

2) 친숙한 관계
친숙한 관계는 일반적 관계의 특징이 모두 포함되어 있으며 여기에 '정서적 하나 됨'이 하나 더 추가된다. 친숙한 관계에서는 정서적 지지를 받기 원하며 또 기꺼이 지지해 주고자 한다. 양쪽이 모두 서로의 상처와 관심, 기쁨, 필요에 솔직하게 반응하며 이 솔직함은 쌍방통행이 된다. 그런데 사람들이 솔직해져 가는 것은 점진적으로 이루어지기 때문에 친숙한 관계를 형성하는 데는 많은 시간이 소요된다.

3) 밀접한 관계

친숙한 관계와 밀접한 관계의 차이는 '도움'이란 말 속에서 찾을 수 있다. 사람들과 구체적으로 도움을 주는 실제적인 관계를 맺을 때 밀접한 관계로 발전하게 된다. 이 관계에 있는 사람들은 서로 필요로 할 때 도움을 줄 준비가 되어 있고 도움을 기꺼이 받아들이기도 한다. 어떤 경우는 도움을 주고받는다는 점이 정서적인 하나됨보다 더 쉽게 다가오기 때문에, 때로 관계를 맺을 때 정서적 하나됨은 소홀히 되고 오로지 도와주는 데 초점을 맞추어 인격적인 관계를 소홀히 여기는 예도 있다. 그러나 밀접한 관계를 유지하기 위해서는 먼저 정서적 지지에 기초를 두어야 하고, 그럴 때 온전한 도움도 줄 수 있다. 그러므로 정서적 관계 맺음이 있고 난 뒤에는 서로의 필요에 따라 응답하는 실제적인 도움이 제공되어야 한다.

4) 갈등적 관계

인간관계는 만남으로 시작된다. 만남의 과정은 호기심 단계(일반적 관계)에서 사귐을 가지는 애정 단계(친숙한 관계)로 나아가고, 그리고 그 사람에게 푹 빠지는 열정 단계(밀접한 단계)로 진행된다. 그 후 성숙 단계로 발전하기 위해서는 반드시 갈등 관계를 극복해야 한다. 그래서 성숙한 만남을 가지려면 충돌을 예견하고 있어야 한다. 일반적으로 갈등이 일어나면 두 가지 모습이 나타나는데 한 가지는 관계 자체를 포기하는 것이고, 또 다른 모습은 갈등을 인정하고 새로운 관계를 위해 시도해보는 것이다. 이러한 시도가 있을 때 성숙한 관계로 들어가게 된다.

다음은 인간관계의 갈등에 있어서 건설적인 관계와 파괴적인 관계를 비교해 놓은 것이다.

<인간관계 갈등 비교>

건설적 관계	파괴적 관계
함께 이기기를 바란다.	내가 이기고 상대방이 지기를 바란다.
문제 해결을 위해 장소와 시간을 정한다.	상대가 준비하고 있지 않을 때 만난다.
자신의 감정을 확실히 정확히 표현한다.	자신의 감정을 숨긴다.
사람이 아니라 문제에 초점을 맞춘다.	사람과 그의 성품을 공격한다.
도움을 줄 객관적 전문가를 세운다.	친구나 친척을 판단자로 세운다.
긍정적인 태도를 보인다.	부정적이고 상대를 비난한다.
문제에 집중하여 문제만을 푼다.	문제보다 상대의 허물만을 들추어낸다.
공개적이다.	침묵과 고자세로 일관한다.
자신의 책임을 인정한다.	상대방을 비난한다.
경청하고 인내하며 문제를 통해 배운다.	추측으로 화내고 문제를 풀지 못한다.
용서한다.	완고히 보상을 요구한다.
새로운 만남과 성숙으로 나간다.	관계를 완전히 파괴해 버린다.

5) 성숙한 관계

가장 깊은 관계인 성숙한 관계에는 갈등적 관계를 넘어 이제 '사랑의 신뢰'라는 한 가지 요소가 더 추가된다. 이 관계에 속한 사람들은 서로에게 내적 필요와 생각, 느낌을 안심하고 내보일 수 있고, 또한 상대에게 내적 필요와 생각, 느낌을 나누도록 자유롭게 요청하기도 한다. 이 관계에 있는 사람들은 서로 안심하고 무엇이든 솔직하게 이야기한다. 성숙한 관계는 친구, 배우자, 부모, 자녀 그리고 동료 사이에 존재하며 거기에는 어떤 비밀이나 장벽도 없다. 그 관계는 성숙한 상호 신뢰를 토대로 한다.

♥ 건설적 관계와 파괴적 관계에서 건설적 관계에 해당하는 나의 습관은 무엇이었는가? 또한 파괴적 관계에 해당하는 나의 습관은 무엇이었는가?

2. 성숙한 관계를 위한 기술

갈등 처리에 필요한 다음의 다섯 가지의 기술은 성숙한 관계 유지를 위해 반드시 활용해야 할 기술들이다.

1) 감정을 가라앉히라.

상대방에게 자신의 의사를 전달하고자 한다면 우선 감정을 진정시켜야 한다. 상대방이 자신을 공격한다는 기분이 들 때는 누구도 그 사람과 문제를 의논한다거나 견해차를 줄이려고 노력하고 싶어 하지 않는다. 정말 표현하고자 하는 의사가 무엇인지 잠깐 생각해 볼 시간을 가진 후 가장 바람직한 방법으로 상대에게 그것을 표현할 수 있어야 한다.

2) 어조를 가다듬어라.

어떤 사람하고 어떤 이야기를 하든지 처음 몇 분 동안, 앞으로의 대화를 위해 어조를 가다듬어야 한다. 상냥하고 부드러운 태도로 상대방에게 접근하여, 친절하고 위협적이지 않게 이야기를 나눌 준비가 되어 있다는 것을 분명하게 전달해 줄 수 있다.

3) 경청하라.

성실한 경청 자세는 상대방을 존중하며 그가 하는 말을 소중히 여긴다는 사실을 그 사람에게 전해 준다. 공감한다는 것은 곧 자신이 상대방의 입장에 서서 느끼고 있다는 것을 상대방에게 전해 주는 것이다.

4) '나' 화법을 사용하라.

일단 진심으로 상대방을 먼저 이해하려 했다면, 당신의 생각을 전달

할 순서다. 자기 입장을 효과적으로 전달하기 위해서는 '나' 화법을 사용해야 한다. '나' 화법을 사용한다는 것은 이야기의 초점을 상대방이 아닌 자기 자신의 관점 및 감정의 주인이 되라는 의미다. 예를 들면 "당신은 도대체 제 마음은 전혀 모르는군요." 보다는 "저는 외로워요." 하는 편이 낫다. "절대로…", "항상" 같은 표현은 삼가고 "내가 느끼기에…"와 같이 자신이 느끼는 것과 생각을 말하라.

5) 타협하고 절충하라.

양측 모두 자기 입장을 충분히 표현한 후에도 여전히 생각의 차이가 좁혀지지 않고 해결해야 할 문제가 남는 때도 있다. 이때는 협상과 절충을 위해 노력해야 한다. 실제적으로 어떤 특정한 문제에 대해 양측 모두 자신의 바람과 욕구와 느낌, 그리고 관점 등을 충분히 표현하고 난 후, 문제 해결 단계로 들어가야 한다. 마크맨(Mark man) 등은 문제 해결을 위한 네 가지 지침을 내놓았다.

첫째, 문제가 무엇인지 규명하라. 구체적 사실들을 결정하는 질문을 하라.

둘째, 가능한 해결책의 목록을 작성하라. 단 하나의 가능성도 배놓지 말고 낱낱이 목록으로 만들어라.

셋째, 가능한 해결책 한 가지를 시도해 볼 것이며 두 가지 이상을 조합하여 시도해도 좋다.

넷째, 자신의 선택을 나중에 재평가하라. 시간이 흐르고 난 뒤 문제 해결책이 두 사람 모두에게 유익한지 아닌지를 생각해 본다.

♥ 성숙한 관계를 위한 기술에서 내가 가장 취약했던 것은 어떤 기술이었는가? 보완을 위해서 어떤 노력을 하겠는가?

3. 서로 이해하기

1) 성격 차이

성격은 내성적인 사람과 외향적인 사람, 관념적인 사람과 직관적인 사람, 생각하는 사람과 느끼는 사람, 시작하는 사람과 따라가는 사람 등 아래와 같이 다양하게 나타난다.

내성적(Introversion)	외향적(Extroversion)
자기 내부에 집중	외부에 집중
조용하고 신중	정열적, 활동적
정리된 생각을 말하며 글로 표현함	말을 하면서 자기를 정리함
이해한 다음에 경청	경험한 다음에 이해
서서히 알려지며 소수의 친구를 둠	쉽게 알려지며 많은 친구를 둠
조용히 집에서 지냄	밖에서 교제하는 것을 기뻐함
홀로 있어야 힘이 남	사귐으로 힘을 얻음
관념적(Sensing)	**직관적(iNtuition)**
미래 가능성보다는 지금, 현재에 초점	미래 가능성에 초점을 두며 과거나 현재를 고려하지 않음
실제의 경험	아이디어, 상상력
정확, 철저한 일 처리	신속, 비약적인 일 처리
사실적 사건묘사	비유적, 암시적 묘사
나무를 보려는 경향	숲을 보려는 경향
가꾸고 추수함	씨 뿌림
생각하는(Thinking)	**느끼는(Feeling)**
진실, 사실에 주 관심	느낌(감정)과 관계의 영향을 고려
옳고 그른 것, 목표, 효율성을 고려함	다른 사람의 슬픔, 상처를 공감함
사업에 있어서 생산성, 이윤추구	다른 사람의 이익을 먼저 생각함
이성적, 논리적, 분석적	나에게 주는 의미 중시
교육에 있어서 변함없는 진리 강조	자비를 중시하며 상황을 중시
정의, 규범, 기준 중시	회색 논리를 갖기도 함

시작하는(Judging)	따라가는(Perceiving)
공격적이며 단호함, 직면적	다른 사람의 의견을 따라감, 수용적
자신의 의견을 솔직히 드러냄	자신의 의견에 대해 주저함
쉽게 결정하며 열정적	조심스럽고 조용하며 감정을 자제함
의지적 추진	이해로 수용
통제와 조정, 사태를 책임짐	융통과 적응, 권력의 사용을 피함
분명한 목적의식과 방향감각	목적, 방향 변화에 대한 수용성

♥ 파트너와 성격적인 면에서 어떤 차이가 있는지 살펴보고, 어떤 점을 서로 이해해야 할지 나누어보자. 성격으로 인한 갈등은 서로 다름에서 온다는 사실을 받아들이도록 노력해보자.

2) 자아 상태의 차이

인간에게는 부모, 성인, 어린이의 세 가지 자아 상태가 있다.

(1) 어버이 자아(Parents: P)

5세 이전에 부모를 포함한 의미있는 권위자들의 말이나 행동을 비판 없이 받아들여서 내면화한 것으로 비판적 어버이와 양육적 어버이가 있다.

① 비판적 어버이 자아(Critical Parents: CP)

자신의 가치관이나 사고방식을 옳은 것으로 보고, 양보하지 않으려 하는 부분이다. 양심이나 이상, 규칙을 중요시하며 필요하면 비판이나 비난도 한다. 이 자아가 지나치게 강하면 지배적 태도, 명령적인 말, 칭찬보다는 나무라는 경향 등이 강하다.

② 양육적 어버이 자아(Nurturing Parents: NP)

친절, 동정, 관용적인 태도를 나타내는 부분이다. 아이나 후배를 친절히 돌보며 격려하고, 가까운 사이가 되어 보살펴 주는 역할을 한다. 벌하기보다는 용서하며 칭찬하고 지도한다. 다른 사람의 괴로움을 자기의 일처럼 느끼는 양육적이고 상냥한 면을 지니고 있다. 양육적 어버이 자아가 지나치게 강하면 과보호적인 것으로 나타날 수 있다.

(2) 성인 자아(Adult: A)

성격의 객관적인 부분이며 외부의 현실과 사실을 감정적, 주관적으로 처리하지 않고 객관적으로 처리하는 능력이다. 사실에 기초해서 사물을 판단하려고 하므로 종종 컴퓨터에 비유되며, 일 하는 데 있어 자료를 모아 논리적으로 처리해 간다. 타인과 교류할 때 이성적이면서도 합리적 판단에 근거하여 관계하기 때문에 실수가 적으나 차가운 느낌을 줄 수 있다.

(3) 어린이 자아(Child: C)

생득적으로 자연히 일어나는 모든 충동과 감정, 그리고 5세 이전의 경험, 특히 부모와의 관계에서 경험한 감정과 그것에 대한 반응양식이 내면화된 것이다. 어린이 자아는 자유로운 어린이, 눈치 보는 어린이, 어린이 교수로 구분되는데 여기서는 자유로운 어린이와 눈치 보는 어린이 두 가지를 중심으로 살펴보고자 한다.

① 자유로운 어린이(Free Child: FC)

어떤 것에도 구속되지 않는 자발적인 부분이며, 창조성의 원천이라고 할 수 있다. 이 자아는 울고 싶을 때 울고, 웃고 싶을 때 웃는 등 자연적인 감정을 솔직히 표현하는 역할을 한다. 밝고 유머가 풍부하며 예술적인 소질이나 직관력 등이 있으며 장소와 때를 생각하지 않고 실없는 행동을 할 소지도 있다.

② 눈치 보는 어린이(Adapted Child: AC)

자신의 본래의 기분을 죽여 부모나 선생님의 기대에 따르려 노력하는 부분이다. 싫은 것을 싫다고 말 못 하며, 자연스러운 감정을 보이지 않으며, 자발성이 모자라고, 타인에게 의존하기 쉬운 모습을 갖는다. 보통은 말이 없고 얌전한 소위 착한 아이이지만 가끔은 반항하거나 격노하기도 한다. 감정은 일반적으로 부자연스러우며, 우울, 원한, 슬픔, 자기 혐오 등의 모습을 갖는다. 자유스러운 나를 극도로 억압하여 마치 어른인 것처럼 행동하여 주위를 놀라게 하는 예도 있다.

<자아 상태의 특징>

CP 비판적 어버이	장점	규율. 예의. 공사구분. 평가. 문화적 전통과 습관. 이상, 양심, 정의감, 권위, 도덕적
	단점	너무 엄격. 압박과 압력. 편견. 잔소리. 완고함. 비난, 질책, 강제, 편견, 권력
NP 양육적 어버이	장점	부드러움, 배려, 보살핌, 동정, 돌봄, 마음 씀, 위로, 격려, 보호, 공감, 보호, 관용
	단점	과보호, 과잉간섭, 응석허락, 참견, 버릇없음 허용, 상대의 자립 방해, 의타심 조장, 응석 부림, 묵인
A 성인 자아	장점	냉정, 객관적, 사실에 근거, 정보 수집, 계획, 판단. 의사 결정. 자신을 잘 안다. 지성, 적응력, 냉정한 계산, 사실에 따른 현상분석, 분석적 사고
	단점	타산적, 차갑다, 너무 업무적이다. 맛도 멋도 없다. 과학에 대한 맹신, 자연 무시, 자기중심적, 물질만능주의
FC 자유 아이	장점	천진난만, 자연스럽게 따름, 자유로운 감정 표현, 직관력, 적극적, 창조의 근원, 밝다, 구김살 없다, 자유, 개방적, 티 없고 귀여움, 천진난만, 자발적, 창조적. 직감력. 역동적
	단점	버릇없음, 본능적, 자기중심적, 쾌락주의, 지속력이 없다, 타인을 고려하지 않는다, 단순, 자립하고 싶어 함, 참을성이 없다. 충동, 방종, 무책임
AC 순응적 아이	장점	사람을 신뢰한다, 말하기보다 듣는 편이다, 순종적이고 참을성이 강하다, 주위에 잘 맞춘다, 온화함, 소극적, 인내, 감정의 억제, 타협, 타인의 기대에 따르려고 노력, 착한 아이
	단점	억제, 침묵, 참는다, 신뢰심, 남의 눈치를 살핀다, 아양과 아첨, 끙끙 앓는다, 자신을 탓한다, 주체성 결여, 소극적, 자기 속박, 적개심 보존

♥ 나의 성격이나 자아 상태는 어떠할지 예상해보고 파트너의 경우도 예상해보고 어떠한 노력이 필요한지 나누어보자.

4. 의사소통 기술 익히기

1) 심정대화

심정대화는 상대방의 심정을 알아주는 대화이다. 심정이란 '마음속에 있으며, 마음으로 느껴진 정서'를 말한다. 따라서 심정대화란 심정을 이해해주고 공감해주는 마음과 자세로 심정을 토로하는 자체만으로도 문제의 반은 해결될 수 있다는 가능성을 생각하면서 마음으로 하는 대화라고 할 수 있다. 이런 대화 능력이 있으면 오해와 갈등이 풀어지고 관계가 좋아진다. 인간관계 능력이란 결국 마음을 나눌 수 있는 대화의 능력인 것이다.

2) 심정대화의 방법

① 요약하기(20%): 메시지의 내용을 압축하여 정리하는 것으로서 화자의 말을 약간 사용해 가면서 자신이 이해한 말로 정리하여 재진술한다.

"자기, 오늘 온종일 전화를 몇 번이나 했는데 어떻게 전화도 안 받고 연락도 없었어? 정말 너무하잖아…"

〈요약을 위한 연습〉

"오늘 온종일 내게 전화했는데 연락이 잘 안 되어서 속상했구나."

② 상대방의 심정 알아주기(70%): 상대방의 말을 요약 후, 상대방의 심정이 어떠했는지 그 사람의 입장에서 상상해보고 그것을 말로 표현하는 것이다. 이것은 단순한 동의가 아니라 상대방의 메시지를 인정하는 것이며, 그 사람과 내가 마음으로 하나가 될 가능성을 열어주는 것이다. 상대방의 심정을 알아주기 위한 말은 다음과 같다. "당신은 (슬픈, 굉장히 염려되는, 두려운, 놀라운, 화가 나는, 흥분된…) 감정을 느낀 것 같습니다." 또는 "당신이 느끼는 것은 이러저러한 느낌이라고 추측됩니다."

〈심정 알아주기 연습〉

"내 목소리도 듣고 싶고 많이 보고 싶어서 전화했을 텐데 전화도 안 받고 연락도 없어서 속상하고 애가 탔을 것 같아. 문자도 없고 연락도 없으니 또 얼마나 답답하고 속상했을까!"

③ 내 심정 전달하기(10%): 상대방의 이야기에 공감하면서도 나의 솔직한 심정을 직접 전달하는 것이다. "당신의 이야기를 듣고 당신의 느낌이 전해지면서 내 마음은 이러했습니다."라고 나의 심정을 전달한다.

〈심정 전달하기 연습〉

"네 이야기를 들으니 속상하고 답답하고 애타는 마음이 느껴지네. 종일 생각하고 걱정해주어서 고맙고 그 마음 먼저 알아주지 못해 미안한 마음이 들어."

♥ 최근의 상황 중에서 서로 나누고 싶은 주제를 정하여 심정대화로 대화를 연습해본다.

〈파트너와의 관계에서 일어난 갈등 상황을 구체적으로 적어본다.〉

1) 어떤 상황인가?

2) 어떤 방식으로 해결했는가?

3) 문제의 책임이 있다면 누구에게 있다고 생각하는가? 그 이유는?

4) 그때의 갈등 상황에서 가장 힘들고 화가 난 감정은 무엇이었으며 그 이유를 상대방이 아닌 나와의 관계에서 찾아보자.

5) 심정대화 기술을 사용하여 이 갈등을 해결한다면 어떻게 하는 것이 좋은지 파트너와 연습을 해보자.

5. 갈등 해결을 위한 제안

다음은 갈등 해결을 위한 원칙으로, 이 원칙을 염두에 두고 의사소통을 하면 갈등이 더욱더 효과적으로 해결될 것이다.

(1) 승리자가 되기보다 사랑하는 자가 되기에 힘써라: 승리자 곁에는 패배자만 남게 된다. 하지만 사랑하는 자 곁에는 사랑하는 사람이 남는다. 함께 승리하도록 하라.

(2) 한 가지 주제만을 다루어라: 동시 상영은 삼류 극장에서나 볼 수 있다. 그리고 한 가지 주제도 1회로 끝나야 한다.

(3) '타임아웃'을 지켜라: 현재의 일만 취급하라. 따라서 24시간 이내의 것을 다루고 공소 시효를 지켜야 한다.

(4) 싸우되 1미터 이내에서 싸워야 한다: 장외 경기는 곤란하다. 그 무대를 다른 곳으로까지 확대하지 말라. 그것은 반칙이다.

(5) 미봉책으로 끝내지 말라: 임시 휴전은 곤란하다. 끝마무리를 잘해야 한다.

(6) 제삼자를 개입시키거나 동맹 관계를 맺지 말라: 누구의 탓으로 돌리게 되거나 다른 사람을 끌어들이는 경우 싸움은 더 커진다.

(7) 인격 모독은 피하라: 약점을 확인하기 위한 짓은 어떤 경우에도 용납되지 않는다. '문제 있는 사람'으로가 아니라 '사람이 가진 문제'를 직시하도록 한다.

(8) 관중은 절대 두지 말라: 다른 사람들 앞에서나 상대가 이성을 잃고 있을 경우이거나 긴장하고, 당황하고 있으면 싸움을 피해야 한다.

(9) 분노 일지를 기록하라: 갈등이나 분노가 생길 때마다 그것을 기록해 두라. 그리고 적절한 시간에 하나하나 정리하도록 한다. 완성된 문장일 필요는 없고 사실만 낱낱이 기록해 두라. 그런 다음 한 날을 정해 그 복잡했던 감정들을 상대방에게 전해 주라.

(10) 싸우기에 앞서 반드시 기도하라.

♥ 의사소통 기술을 배우며 어떤 깨달음이 있었는가?

♥ 갈등 해결을 위한 제안에서 나에게 가장 도움이 되는 제안은 어떤 것인가?
위의 제안을 실천하기 위해서 어떤 결심이 서는가?

♣ 활동

〈원 가족과의 갈등 회고〉

1. 가족과의 관계에서 일어난 갈등 상황을 구체적으로 적어본다.

1) 누구와

2) 어떤 상황에서

3) 어떤 방식으로 해결했는가?

4) 문제의 책임이 있다면 누구에게 있다고 생각하는가? 그 이유는?

5) 그때의 갈등 상황에서 가장 힘들고 화가 난 감정은 무엇이었는가?

6) 가족과의 관계에서 느꼈던 감정이 현재 파트너와의 관계에도 영향을
   줄 수 있다. 화가 날 때 느끼는 자신의 감정을 파트너와 심정대화기술
   로 만나보자.

성과 출산의 기쁨

|5장| 성과 출산의 기쁨

❤ — ❤ — ❤ — ❤ — ❤ — ❤ — ❤ — ❤

목표: 하나님께서 주신 성과 출산의 목적과 기쁨을 이해하며
행복한 가족의 토대를 마련하도록 준비한다.

1. 성에 대한 욕구

강 교수 부부는 부산에 살고 있었는데 몇 년 전에 서울에 올라왔을
때 어느 친구의 안내로 스트립쇼를 구경한 적이 있다. 젊은 무희들이
나체쇼를 펼치는 모습을 보면서 강 교수 부인은 매우 당혹스러워했다.
그녀가 그런 구경을 한 것은 난생처음이었다.

"망측하기도 해라. 빨리 나가자고요. 이런 것을 구경하며 즐거워하
는 사람들이 이상하게 보여요."

부인은 강 교수를 툭툭 치며 말했다. 그러나 강 교수는 이미 쇼에
넋을 잃은 채 아내의 말을 귀담아들으려 하질 않았다. 부인은 남편의
얼굴을 물끄러미 쳐다보았다. 입을 반쯤 벌리고 넋을 잃은 채 벌거벗
은 무희들을 바라보고 있는 남편의 모습이 참으로 한심스럽게 느껴졌
다. 평소 도덕성을 강조해 온 남편의 이중성에 대해 그녀는 실망했다.
제자들로부터 존경받고 있는 교수의 모습이라곤 찾아볼 수가 없었다.

혐오스러운 스트립쇼가 끝나고 나오면서 강 교수의 부인은 자신의
불쾌했던 심정을 솔직하게 털어놓았다.

"남자들을 이해할 수가 없어요. 당신이 그럴 수가 있어요? 나체쇼가
그렇게 재미있던가요?"

그런데 이때 옆에서 듣고 있던 남편의 친구가 한술 더 떠서 곤경에 처한 강 교수에게 손가락질하며 말하는 것이었다.

"강 교수는 이런 쇼를 제일 좋아해요. 어제는 이보다 더 야한 곳에서 술을 마셨는걸요. 이 정도는 아무것도 아니라고요."

평소 누구보다도 도덕적이라고 생각했던 남편도 결국은 어쩔 수 없는 속물이었다는 사실에 강 교수 부인은 그만 충격을 받고 말았다. 그리고 계속 상상의 나래를 펴기 시작했다. '이런 나체쇼보다도 훨씬 진한 장면이라면… 어쩌면 남편이 불결한 성관계를 가졌을지도… .' 그날 밤부터 그녀는 남편의 성적 요구에 대해 냉담한 반응을 보였다. 아니, 냉담하다기보다는 분명한 거부 반응을 나타낸 것이다.

남편은 처음에는 아내에게 사과했다. 스트립쇼에 지나치게 집착했던 자신을 용서해 달라고 말했다. 그러나 한번 닫혀버린 아내의 마음 문은 좀처럼 열릴 줄을 몰랐다. 강 교수는 며칠 지나면 분이 풀리리라는 생각으로 그날 밤을 보냈다. 그런데 이런 상황과는 별개로 강 교수는 늘 성적 충동이 느껴졌고, 그래서 행여나 하고 아내에게 접근하면 아내는 그럴 때마다 남편의 성적 요구를 거부했다.

이런 상태가 2개월쯤 계속되자 누구보다도 성실하며 정직하게 살아왔다고 자부해 온 강 교수는 머리끝까지 화가 치밀어 올랐다. 이럴 때는 성적 욕망이 안 생겨줬으면 좋겠는데 그렇지가 않았다. 그래서 그러한 자신에 대한 혐오감까지 생겼다. 그는 자신을 채찍질했다. '내가 그걸 못하면 죽는 짐승인 줄 아나? 자기가 먼저 못 견뎌서 요구해 오기 전까지는 절대로 관계를 맺지 않겠다. 자기도 인간인데 언젠가는 욕망을 느끼겠지. 그때는 네가 요구를 해 온대도 내가 당한 것의 몇 배로 냉혹하게 거절해 줄 거야'하는 복수심까지 생겼다. 그러면서 강 교수의 마음속에는 이런 생각이 들기 시작했다. '저 여자는 나를 진정으로 사랑하고 있지 않다. 나의 순간적 실수를 저토록 철저하게 물고 늘어지는 행위는 도저히 용납할 수가 없어.' 이렇게 또 한 달이 지났다. 시간이 흐르면서 아내는 '내가 좀 너무하지 않았나?' 하는 생각이 들기 시작했다. 그래서 남편에게 접근의 사인을 은근히 보냈다. 그러나 이때는 강 교수의 마음이 복수심으로 불타고 있던 때였다. 그는 과도하다고 할 정도로 아내를 거부했다. 그녀는 치욕을 느꼈고 조금 풀어지려던 마음이 더 굳어져 버렸다. 6개월이 지나면서부터 그들은 방을 따로 사용하기 시작했다. 상대방이 곁에 있어 봤자 불편할 뿐이라는 생각 때문이었다.

7개월째 되던 어느 날, 서울에서 찾아온 친척들로 인해 그들은 할 수 없이 같은 방을 사용하게 됐다. 모처럼 부부가 한 방에 누워있다가 보니 야릇한 느낌이 들었다. 강 교수는 몇 번이나 망설인 끝에 아내에게 말했다.

"여보, 내가 졌소. 우리 화해하고 새 삶을 시작합시다."

그러나 아내는 이번에도 단호한 거부 반응을 나타냈다. 강 교수는 몇 번이나 부탁했지만, 그녀는 조금도 양보할 기세를 보이지 않았다. '이제는 정말 끝장이로군, 마지막 남은 한 가닥의 자존심마저도 이렇게 무참히 짓밟아 버리다니…. 이젠 나도 어찌할 수가 없소. 나를 탓하지는 마오.' 이 사건으로 인해 이들 부부는 화해의 마지막 가능성마저도 모두 잃어버리고 말았다.

♡ 이 부부의 문제를 보며 누구에게 더 책임이 있다고 생각하는가? 그리고 그 이유는 무엇인지 적어본 후에 파트너와 의견을 교환해 보자.

♡ 성에 대한 오해는 없는지 살펴보고 올바른 성 지식을 가지도록 노력해보자.

2. 성에 대한 시각

1) 성에 대한 편견과 오해

우리는 일반적으로 성에 대하여 다음과 같은 편견과 오해하고 있다. 많은 경우 그리스도인들은 성에 대한 잘못된 시각을 가지고 있으면서도 자기 생각이 잘못된 것임을 모르고 있다. 성에 대한 편견이 있었다면 그것은 무엇이었는지 찾아보고 바른 시각을 가지도록 한다.

<성에 대한 시각>

편견과 오해	바른 시각
성적인 타락은 내 의지만으로 충분히 극복할 수 있다.	인간의 의지력이 성적인 유혹 앞에서는 대체로 무기력해진다.
마음속에 있는 성욕과 싸우는 것도 죄다.	마음속에 있는 성욕과 싸우는 것은 죄가 아니며 신앙이 약한 것도 아니다.
사람이 완전히 성숙하면 성욕은 느끼지 않는다.	성욕을 느끼지 않는 것은 죽은 후에나 가능하다.
성은 더러운 것이며 영성을 흐리게 한다.	부부관계에서 성은 하나님이 주신 은총이요 축복이다.
성생활 없이도 얼마든지 부부생활은 유지될 수 있다.	문제가 있는 가정의 90% 이상이 성의 갈등이 있다.

2) 성에 대한 세계관의 차이

성에 대한 세속적 세계관과 기독교 세계관은 큰 차이가 있다. 세속적 세계관은 '즐기는 것'이지만 기독교 세계관은 성을 '자신을 드리는 헌신의 사건'으로 본다.

<성에 대한 세계관의 차이>

세속적 세계관	기독교 세계관
성적 욕구를 부추겨서 결혼의 경계선이 없이 탐닉하게 만든다.	성관계는 오직 결혼 속에서 이루어지는 것이다.
성을 종종 물리적 행동으로 축소하며, 간혹 보살핌의 관계 속에서 본다.	영적인 면은 물론 전인적인 면에서 성을 거룩함과 기쁨으로 본다.
성은 간편한 것일 수 있다고 믿으며, 개인적인 희열과 욕구의 충족에 중요한 강조점을 둔다.	바람직한 성관계는 배우자에 대한 사랑과 자기희생, 헌신이 함께 한다.
성은 단지 '즐기는 것'이다.	성은 섬김으로 만족을 얻는 것이다.

♡ 내가 가지고 있었던 성에 대한 편견과 오해는 무엇인가? 그리고 이 시간 새롭게 배운 것은 무엇인지 나누어보자.

3. 성을 주신 목적

성에 대한 우리의 기본 인식은 매우 부정적인 편이다. 특별히 우리나라의 경우, 유교적인 영향으로 '성'은 항상 은밀하고 어두운 부분으로 방치되었다. 그러나 '성'은 하나님이 창조하신 것이다. "하나님께서 깨끗게 하신 것을 네가 속되다 하지 말라"(행 10:15)는 말씀은 '성'에서만 예외가 되지는 않는다. '원만한 성생활이 좋은 부부관계의 중심이 된다'는 사실은 오래전에 입증된 결론이다.

하나님께서 '성'을 주신 목적은 다음과 같이 크게 5가지가 있다.

첫째, 부부의 성생활은 인간을 향한 하나님의 최초 명령인 번성("생육하고 번성하여 땅에 충만하라(창 1:27~28)"을 이루기 위한 신성한 과정이자 방법이다. 그러므로 성을 추하다거나 비정하게 여기는 것은 합당하지 못하다.

둘째, 성은 진정한 교제를 누리도록 부부에게 주신 하나님의 작품이다. 창세기 1장에서 남녀가 구별되어 창조된 목적은 생육과 번성으로 이해된다. 결혼 내의 성생활은 '하나됨'을 창조하기 위해 하나님이 만드신 가장 친근한 교제법이다. 또한 성관계에서의 육체적, 정서적 반응을 통한 하나됨의 경험은 인간의 어떤 결합보다 끈끈하다. 그래서 이러한 남녀 관계의 사랑을 성경은 "사랑은 죽음같이 강하고"(아 8:6)라고 표현하였다. 부부의 만족스러운 성관계는 아무 말이 없어도 여러 가지 메시지를 전달한다.

셋째, 성생활은 부부끼리 기쁨과 쾌락을 누리도록 주신 하나님의 선물이다. 성경은 혼인 관계 이외의 성관계에 대해 철저히 배격하고 정죄한다(음란, 음행, 간음, 동성연애 등). 그러나 부부 사이의 즐거운 성관계에 대해서는 권장하고 있다. 특히 여성의 클리토리스(Clitoris:음핵)는 생식 기능과는 아무런 상관이 없다. 그 부분이 없어도 성생활은 가능하고, 임신도 가능하며 출산도 가능하다. 클리토리스의 기능은 성적 쾌락이다. 하나님께서 성의 기쁨을 아내에게도 주셨다. 그러므로 부부는 성생활을 통해 기쁨을 누리며(잠 5:15~19) 남편이 아내의 몸을 즐길 수 있는 자유와(아 7:1~9) 아내 역시 자기 남편의 몸을 즐길 수 있는 자유가 있음을 보여준다(아 5:1~16).

넷째, 부부의 성생활은 성범죄에 빠지지 않도록 하기 위한 하나님의 예방장치이다(고전 7:1~9). 바울은 독신생활을 하면서 정욕이 불타게 되어 원치 않는 음행의 죄에 빠지는 것보다 차라리 하나님께서 허락하신 한 남편, 한 아내를 통해 육체의 성적 긴장을 해소하라고 적극적으로 권면한다(1~2, 2~9절).

다섯째, 치료를 위한 목적도 있다. 성을 통한 치료의 역할 또한 하나님이 의도하신 것이다. 사무엘하 12장 24절에서 다윗의 아들이 죽었을 때 아내와 동침하는 장면이나 창세기 24장 6~7절에서 이삭이 모친상 뒤에 아내와의 관계를 통해 위로를 얻은 장면들을 살펴보면 배우자가 좋지 않은 일로 절망하고 있을 때, 스트레스나 슬픔이 있을 때, 성관계를 나누는 것이 긴장을 풀어주는 역할을 할 수도 있다. 특히 성을 통한 위로는 여자보다 남자가 더 크게 받는다. 부부간에 성적인 원함이 서로 다른 경우에는 상실감이 더 큰 배우자의 욕구를 먼저 들어주어야 한다.

4. 출산에 대한 하나님의 뜻

하나님이 사람을 창조하시고 그들에게 제일 먼저 주신 명령은 생육하고 번성하라는 것이다(창 1:28). 그래야 하나님이 창조하신 세상이 유지되고 지속하기 때문이다. 그러므로 새로운 생명이 태어나는 것은 가장 자연스러운 하나님의 뜻이며 창조의 기본 원리이다.

그런데 지금 우리나라의 형편은 정반대가 되었다. 출산율이 급감해서 OECD 국가 중에서 가장 출산율이 낮다. 선진국에서는 100년 동안에 이루어진 출산율 감소가 20년 만에 이루어진 것이다. 이런 추세로 나간다면 하나님의 창조원리가 제대로 이루어질 것인지 염려된다. 『로마인 이야기』의 저자인 시오노 나나미도 "과거에 출산율 문제를 방치한 나라가 부흥한 예가 없다."라고 했다. 출산의 문제는 이 나라뿐 아니라 이 세상을 유지하기 위해서 필수적인 문제다. 자녀를 낳는 일은 단순히 개인적으로 결정할 일이 아니라 하나님이 주신 명령에 대한 순종으로 생각해야 할 것이다.

태중에서 죽어가는 생명이 자그마치 100만 명에서 150만 명이나 된다고 추산하고 있는 것을 볼 때 참으로 심각한 문제다. 낙태는 가장 잔혹한 살인행위며, 태아를 죽이는 것은 살인이다. 모태의 수정란은 단순하게 정자와 난자의 결합만이 아니라, 하나님께서 그 순간에 생명을 심어주신 것이다.

시편 139편 13절은 "주께서 내 장부를 지으시며 나의 모태에서 나를 조직하셨나이다"라고 말씀한다. 하나님께서 한 생명을 어머니 뱃속에서 열 달 동안 살게 하셨기 때문에, 태아도 생명이다.

성경에서는 출산에 대하여 무엇이라 말하고 있는지 살펴보자.

첫째, 자녀를 낳아 생육하고 번성하라고 말씀하셨다.

"하나님이 자기 형상 곧 하나님의 형상대로 사람을 창조하시되 남자와 여자를 창조하시고 하나님이 그들에게 복을 주시며 그들에게 이르시되 생육하고 번성하여 땅에 충만하라 땅을 정복하라 바다의 고기와 공중의 새와 땅에 움직이는 모든 생물을 다스리라 하시니라"(창 1:27-28)

둘째, 자녀는 하나님께서 주시는 복이며, 많을수록 복되다 하셨다.

"젊은 자의 자식은 장사의 수중의 화살 같으니 이것이 그 전통에 가득한 자는 복되도다 저희가 성문에서 그 원수와 말할 때에 수치를 당치 아니하리로다"(시 127:4-5)

전통에 화살이 가득 들어있는 장수는 마음이 든든하고 용기를 가지고 전쟁에 나가 승리할 수 있는 것처럼 자식은 이 땅 위에 하나님이 주신 기업이요, 축복이다.

♡ 이 글을 읽기 전과 읽은 후, 출산에 대한 생각에 변화가 있다면 무엇인지 나누어보자.

5. 부모됨의 축복

부모가 된다는 것은 인생 최고의 축복이다. 자녀는 하나님께서 부모들에게 주시는 최고의 선물이며 기업(유산)이다. 성경에서는 자녀가 많은 것이 복이라고 하시며 자녀가 부모들의 미래에 축복의 통로가 된다고 말하고 있다. 현대에 와서는 자녀를 키우는 것이 노동이며 힘든 일이 되었지만, 그런데도 자녀는 그 자체가 부모에게 기쁨이며 축복이다. 어떤 점에서 축복이 되는지 살펴보자.

첫째, 사랑하는 자녀를 키우며 자기 존재가 완성되기 때문이다. 생명의 신비를 말로 다 표현할 수 없는데, 부모된 자들은 자녀를 키우는 과정에서 생명의 신비함을 온몸으로 느끼며 인간의 오묘함, 하나님의 놀라운 손길을 만나게 된다. 자녀를 키우면서 인간을 이해하게 되고 이토록 아름답고 놀랍게 창조하신 하나님의 섭리를 깨달으며 하나님의 사랑을 몸으로 배워나간다. 그리고 이 과정을 통해 자기 존재가 완성되어 간다.

둘째, 자녀를 키우는 과정을 통해 인내를 배우게 된다. 자녀 양육은 기쁨과 더불어 고난이다. 이 고난을 직접 체험하면서 인내를 배우는 것은 부모의 특권이다. 고난을 통과한 자만이 인생의 축복을 더 깊이 느낄 수 있다. 인생이 완성되어 가는 과정을 겪는 것은 축복이 아닐 수 없다.

셋째, 자녀를 키우면서 겸손을 배우게 된다. 자녀 양육은 자기를 버려가는 과정이다. 우리의 시간과 돈과 열정이 버려지며, 내 뜻대로 되지 않는 과정을 지켜보며, 나 자신 또한 이러한 과정을 거쳐 현재에 이르렀다는 사실을 알게 된다. 그리고 자녀를 사랑하기 때문에 나의 기대를 버리고 자녀를 수용하는 과정에서 인생의 귀중한 덕목인 겸손을 배우게 된다. 이러한 겸손을 배우며 인생의 겸허함을 배워가는 것이 부모됨의 과정이기에, 엄밀히 말해 자녀를 키워보지 않은 사람은 인생의 깊이를 다 알 수 없는 것이라고도 말할 수 있다.

넷째, 부모가 되는 것은 한 남성이나 여성으로서의 위치를 받아들이는 주요한 지표이다. 즉 부모가 되는 것은 자신의 고유한 성정체감을 가지고 살아간다는 증거이다.

다섯째, 자녀를 키우는 부부는 무자녀 부부보다 더 행복하고 안정된 결혼생활을 하게 된다. 즉 부모의 정신위생은 부모됨의 경험이 없는 성인보다 일반적으로 더 건강하고 만족스러운 것으로 알려졌다.

♡ 결혼을 준비하며 성경에서 말하는 부모됨의 의미와 축복을 생각한 적이 있는가? 오늘 이 시간 마음에 새겨진 것은 무엇인지 파트너와 나누어보자.

<부록1> 행복한 결혼 만들기를 위한 십계명

1. 결혼생활의 목표를 가지라.

아무것도 겨냥하지 않으면 아무것도 명중시킬 수 없다는 말이 있다. "달음질하기를 향방 없는 것 같이 아니하며 싸우기를 허공을 치는 것 같이 말라"(고전 9:26) 가장 좋은 목표란 서로를 지지해 주고 치유하며 상호 성장해 가는 데 있다.

2. 결혼 전에는 두 눈을 떠라. 그러나 결혼 후에는 한눈을 감아라.

아담은 하와를 만나자마자 '어디 갔다. 이제 나타났어. 이 사람! 나의 뼈, 살도 나의 살'(창 2:23)이라고 탄성을 지른다. 그러나 결혼 후에는 상대방의 장점에만 눈을 뜨고 단점에는 눈을 감아야 한다(눅 6:41).

3. 결혼하고 난 뒤에는 어떤 경우에도 비교하지 말고, 비밀을 갖지 말라.

사탄이 제일 좋아하는 것은 비교의식을 심는 것이다. 어떤 경우에도 비교해서는 안 된다(고후 10:12).

4. 화를 내기보다 화났다고 이야기하고, 화를 품은 채 잠자리에 들지 마라.

분을 낼 수 있지만, 해가 지기 전에 그것을 처리해야 한다. 경기에도 타임아웃이 있다. 가장 중요한 것은 자기 마음을 다스리는 자는 용사보다 낫다는 사실이다.

5. 마주 보지 말고 함께 예수님을 보라. 마주 보면 실망과 충돌밖에 없다.

앞에서 보면 실망, 옆에서 보면 낙망, 뒤에서 보면 절망이란 말이 있다.

서로가 서로를 향하게 되면 충돌밖에 없다. 항상 주를 향해 초점을 맞추라. 바로 거기에 하나됨의 비밀이 있다.

6. 애정과 경제는 분리될 수 없다. 돈을 사용하는데 하나가 돼라.

돈은 애정의 척도가 되며 인격의 잣대가 된다. 채소를 먹으며 서로 사랑하는 것이 고기를 먹으며 서로 미워하는 것(잠 15:17)보다 낫다. 행복은 물질에 있지 않다.

7. 입술의 30초가 가슴의 30년이 된다는 사실을 명심하라.

따뜻한 말 한마디가 행복을 가꾼다. 말 한마디가 사람을 죽이기도 하고 살리기도 한다. 온량한 혀는 생명 나무라도 패려한 혀는 마음을 상하게 한다(잠 15:4). 부부간에 진정으로 경청하고 공감할 때 사랑은 지속된다.

8. 침실의 기쁨을 잘 유지하라. 성(聖)스러움은 가장 성적인 것이다.

부부 문제는 성격 차이를 빼놓고는 성적인 것이라 한다. 때문에 성격 차이인지 성 차이인지 구분 짓기 어렵다.

9. 서로를 격려하고 신바람 나게 하라. 그것은 놀라운 사랑의 묘약이다.

배우자를 즐겁게 해줄 수 있어야 한다. 격려하고 위로하라. 그래서 신바람 나게 해야 하며 삶에 의욕을 심어주어야 할 책임이 있다(신 24:5). 서로를 만난 것이 축복이 되게 해야 한다.

10. 기도는 행복의 창고를 여는 열쇠와 같다.

아침햇살을 받기 전에 기도로 무장하고, 침실에 들기 전에 기도로 하루를 마무리하라.

<부록2> 신혼부부 성생활 지침

1. 신혼여행 시, 될 수 있으면 여행보다는 서로의 친밀함과 성을 통한 애정에 시간을 할애한다.
2. 경관이 좋고 방이 큰 호텔을 잡는다.
3. 대화와 성생활을 위한 준비 기간임을 명심한다.
4. 다양한 성 체위를 안내하는 책을 준비한다.
5. 부부 성생활에 필요한 의약품이나 도구를 준비한다.
6. 부부 성관계 시 서로 대화하며 서로의 체위에 대해 느낌을 나눈다.
7. 성행위(관계) 시 배우자를 주신 것에 감사하고 성의 기쁨을 누릴 수 있도록 기도한다.
8. 신혼여행 시 과격한 운동이나 신체적 에너지를 소모하는 일을 하지 말고 서로 사랑을 나누는 대화와 성관계에 집중한다.
9. 대화 과정에서 과거의 연애대상을 거론하거나 자신 부모의 애정과 배우자를 비교하는 어리석음을 버린다.
10. 지금 나의 배우자는 이 땅에서 성을 나눌 수 있는 유일한 나의 배우자임을 명심하고 대화와 성관계에 최선을 다한다.

| 저자 소개 |

심수명

심수명박사는 한밀교회를 개척하여 상담목회를 적용하고 있는 상담전문가며 신학과 심리학, 상담과 목회현장을 아우르는 학자며 목회자로서 치유와 훈련, 목회를 마음에 품고 한 영혼의 전인적인 돌봄, 부부관계 회복, 비전있는 자녀교육, 건강한 교회 세움, 상담전문가 양성 등에 헌신해왔다. 또한 "기독교상담적 관점에서 본 정신역동상담"이 문화체육관광부 우수학술도서로 선정되었고, [목회와 신학]에서 한국교회 명강사(상담분야)로 선정되는 등 한국교회와 사회에 영향력을 끼쳐왔다.

학력은 안양대학교와 총신대학교에서 신학(B.A.,M.Div.), 고려대학교에서 상담심리학(M.Ed.)과 미국 풀러 신학대학원에서 목회상담학(D.Min.), 국제신대에서 상담학(Ph.D.) 학위를 취득하였다.

상담 및 임상수련과정은 한국의 성장상담연구소, 상담문화원(인턴 및 레지던트), 미국의 Clinebell institute(상담 및 심리치료), Washington Tacoma & Pierce County(가족치료), Covenant Seminary & Medical Center(C.P.E.)에서 훈련받았다.

상담자격으로 한국목회상담협회 감독, 한국복음주의기독교상담학회 감독상담사, (사)한국기독교상담 및 심리학회 수련감독, (사)한국가족상담협회 감독, (사)한국인격심리치료협회 감독으로 섬기고 있다.

상담분야 경력으로는 여성부 정책자문위원, 한세대학교 상담대학원 외래교수, 국제신학대학원대학교 상담학교수, 총회중독상담대책위원회 연구교수, 미국 풀러신학대학원 상담분야 논문지도교수로 활동하였다.

대표저서로 상담목회(다세움), 인격치료(학지사), 정신역동상담(다세움), 한국적이마고부부치료(다세움), 그래도 삶은 소중합니다(다세움)등을 출간하였고, 그 밖의 50여권의 저서와, 30여 편의 학술 논문 등이 있다.

현재는 칼빈대학교 상담대학원 석좌교수, 한기총 다세움상담아카데미 원장, (사)한국인격심리치료협회 협회장, 예장합동 남서울노회 증경노회장, 한밀기독학교(서울시교육청 등록 대안교육기관) 이사장으로 사역하고 있다.

| 저자 소개 |

유근준

    유근준교수는 현재 (사) 한국인격심리치료협회 원장과 칼빈대학교 대학원에서 상담학교수로 활동하면서 많은 사람과 학생들을 인격과 신앙의 조화를 이룬 성숙한 사람으로 만들기 위해 활동하고 있다. 또한 기독교적 가치관에 따른 대안학교인 한밀기독학교 교장으로서 많은 학생을 가르치며 섬기고 있다. 유근준 교수의 비전은 '하나님이 기뻐하시는 인격적인 사람을 만드는 것'으로서 이를 위한 사역에 온몸과 열정을 바치고 있다.

    박사학위 논문으로 '대상관계의 변화과정에 대한 질적 연구(2008)'를 근거 이론적 방법으로 연구, 발표한 후, 대상관계 연구를 계속하고 있으며, 상담현장에서도 대상관계 개인 상담과 집단상담으로 많은 사람을 돕고 있다.

학력
숙명여대 영문학과 졸업 /이화여대 교육대학원 졸업(교육심리 전공)
숙명여대대학원 졸업(상담 및 교육심리 전공)

현 직책
(사) 한국인격심리치료협회 원장/칼빈대학교 대학원 상담학 교수/
한밀기독학교 교장

논문 및 저서
기독인의 동료상담자 훈련프로그램 효과에 관한 연구
공격형 대상관계 내담자가 겪는 어려움과 상담개입방안에 대한 질적 연구
대상관계의 변화과정에 대한 질적 연구
어머니학교(공저)
내담자의 변화와 성숙을 위한 치료적 요인-대상관계이론을 중심으로-
자기애 개념에 대한 통합적 접근

이메일 • 연락처
ygjune@hanmail.net/ (사)한국인격심리치료협회 (02) 2601-7422-4

행복결혼학교

2009년 6월 22일 1판 1쇄 발행
3판 1쇄 발행 ┃ 2024년 8월 21일
저　자 ┃ 심수명
발행인 ┃ 김경자
발행처 ┃ 도서출판 다세움
주　소 ┃ 서울시 강서구 수명로 68-11
전　화 ┃ 02-2601-7422
팩　스 ┃ 02-2665-7588
홈페이지 ┃ www.daseum.org
총　판 ┃ 비전북
주　소 ┃ 경기도 파주시 월롱산로 64
전　화 ┃ 031-905-3927
정　가 ┃ 7,000원

ISBN ┃ 978-89-92750-16-5